FAMÍLIA   VIAGEM   GASTRONOMIA   MÚSICA   CRIATIVIDADE

MANUELA D'ÁVILA

REVOLUÇÃO LAURA

3ª REIMPRESSÃO/2021

Belas Letras

© 2019 Manuela D'Ávila

Nenhuma parte desta publicação pode ser reproduzida, armazenada ou transmitida para fins comerciais, sem a permissão do editor. Você não precisa pedir nenhuma autorização, no entanto, para compartilhar pequenos trechos ou reproduções das páginas nas suas redes sociais, para divulgar a capa, nem para contar para seus amigos como este livro é incrível (e como somos modestos).

Este livro é o resultado de um trabalho feito com muito amor, diversão e gente finice pelas seguintes pessoas:
Gustavo Guertler (edição), Fernanda Fedrizzi (coordenação editorial), Germano Weirich (revisão), Giovanna Cianelli (capa e projeto gráfico).

Cris Lisbôa (projeto e edição de texto)

Obrigada, amigos.

2019
Todos os direitos desta edição reservados à
Editora Belas Letras Ltda.
Rua Coronel Camisão, 167
CEP 95020-420 - Caxias do Sul - RS
www.belasletras.com.br

Dados Internacionais de Catalogação na Fonte (CIP)
Biblioteca Pública Municipal Dr. Demetrio Niederauer
Caxias do Sul, RS

M348   D'Ávila, Manuela
Revolução Laura / Manuela D'Ávila. - Caxias do Sul, RS:
Belas Letras, 2019.
192 p.

ISBN: 978-85-8174-474-2

1. Maternidade. 2. Feminismo. I. Título.

19/05   CDU 159.9-055.2

Catalogação elaborada por Vanessa Pinent
CRB-10/1297

Para Duca e Gui,
que vivem a Revolução Laura comigo.

Para todas as mulheres que,
vivendo suas revoluções, me deram força
para seguir em frente.

"Mas o tempo linear é uma invenção do Ocidente, o tempo não é linear, é um maravilhoso emaranhado onde, a qualquer instante, podem ser escolhidos pontos e inventadas soluções, sem começo nem fim."

Lina Bo Bardi,
arquiteta modernista ítalo-brasileira. Entre outras
coisas, projetou o Museu de Arte de São Paulo.

"*O tempo perguntou pro tempo quanto tempo o tempo tem.
O tempo respondeu pro tempo que o tempo tem tanto tempo quanto tempo o tempo tem.*"
Parlenda ou trava-língua, nome que se dá para estes versinhos infantis que passam de geração em geração.

FOTO: NATHALIE BRASIL

Para que todas as Lauras aprendam a brincar com o tempo, como minha mãe me ensinou.

REVOLUÇÃO LAURA

Introdução

Este livro não linear é um recorrido mental e afetuoso de impressões que parecem bilhetes, crônicas eventuais ou anotações em guardanapos de papel. Foi escrito aos pedaços, durante uma trajetória extraordinária. É vivo e pulsa forte porque foi idealizado por mulheres. Cris Ely, minha amiga de todas as horas, fiel escudeira, que viveu esta história ao meu lado e passou olhos, sorrisos e lágrimas em cada foto que você vai ver durante as páginas que seguem. Cris Lisbôa, minha amiga desde a faculdade, que literalmente sonhou com a publicação e lapidou carinhosamente cada palavra aqui impressa, escrita com meu coração.

Ele não pretende ser uma ode à maternidade, nem um debate teórico sobre criação com apego ou sobre todos os limites impostos às mulheres que criam seus filhos e os amamentam. Nem sobre nada do que fiz, tentei fazer ou mudei maternando. São apenas registros de uma mulher, mãe de uma criança de dois anos, que aceitou o desafio de concorrer à presidência do Brasil em novembro de 2017 e que, em agosto de 2018, tornou-se candidata a vice-presidente, chegando ao segundo turno.

Uma mulher que percorreu um país continental, amamentando sua filha e, portanto, construindo uma nova forma de ocupação do espaço político. Uma mulher que pode sair livre porque tem um

MANUELA D'ÁVILA

companheiro com quem deixar a filha. Nunca imaginei que seria assim. Também nunca imaginei que escreveria este livro. Que não pretende ser um livro de história. Porque é uma conversa. Sobre uma jornada de aprendizado e acolhimento. Sobre espaço público. Sobre subverter as regras dos espaços de poder. E sobre privilégios. É sobre as lutas para que privilégios não existam mais. É sobre direitos. Sobre Bachelet, que é Michelle, primeira presidenta do Chile, ter proibido reuniões depois do horário de expediente durante seu mandato. Por saber que as mulheres seriam as beneficiadas, pois são elas, majoritariamente, numa cultura machista como a nossa, que buscam os filhos nas escolas e cuidam de casa. É sobre feminismo e liberdade. É sobre afeto, carreira e amor, porque não tem sentido ser pela metade. É sobre estar e não estar, presença e ausência. Sobre ser mãe e mulher. Sobre ser madrasta e não ser bruxa. E sobre acolher. E sobre sonhar um outro mundo. Buscar ser o outro mundo sonhado. E, profundamente, é sobre uma revolução chamada Laura. Que sacudiu todas as estruturas de minha vida. E me ensinou que não existe nada no mundo que uma mulher não possa fazer.

Prefácio
por Marcia Tiburi

Manuela,

Eu li teu livro chorando muito e rindo muito. Em cada emoção sentida, ele me iluminou. Iluminou a minha vida de pessoa que deseja um mundo melhor e que é representado em você, pela força da tua luta que se renova e redescobre nos caminhos simples da vida e nas nervuras complexas do poder. Tanta coisa triste ao redor e eu te vendo com a Laura e essa imagem sendo uma coisa boa, uma imagem de esperança para a gente seguir no meio do tempo ruim.

Eu fico feliz de poder te dizer que você é alguém que transborda margens, que altera a compreensão habitual que as pessoas em geral têm das coisas. É maravilhoso acompanhar o teu brilho que nos ilumina. E eu rezo, mesmo sendo só uma filósofa, mas rezo um mantra feminista, para que as deusas te protejam, porque tu és uma pessoa que entende e sente profundamente o teu tempo, estás investida de uma tarefa histórica de ultrapassar as misérias do nosso tempo e de mostrar algo de diferente para as pessoas em geral, outros caminhos, outros horizontes para um outro mundo possível. Tu és uma heroína admirável por quem devemos fazer tudo o que nos cabe fazer. Também porque a tua causa é a nossa, a de todos, porque tu ocupas um lugar essencial como jovem mulher política, e tão impressionante em tua trajetória. E neste livro, com generosidade, resumes a tua experiência de mãe.

Também por isso, tu provocas mil afetos nos imaginários coletivos. E isso de ser quem tu és e de provocar a sociedade para uma transformação necessária não é nada simples. Ocupar esse lugar é notável. A gratidão tem que ser o sentimento que orienta as pessoas em relação às outras. E em relação a você, eu só posso expressar GRATIDÃO e creio que todos deveriam fazer o mesmo.

Imagina que pessoa imensa que és, além dos limites e fronteiras, Manuela. Eu sempre te ouvi falando do teu transtorno de imagem e posso te garantir que tem um ensinamento nisso. Não é por acaso que tu não te enxergou direito. Essas coisas negativas da gente sempre ensinam alguma coisa. Porque tu és muito maior do que és capaz de ver na tua modéstia e na tua generosidade. E até quando tu usas a força e alegria para esconder a dor, estás sempre fora dos limites do nosso tempo. No melhor sentido que isso possa ter tu és uma pessoa especial demais. Então, tu és linda e, além de tudo, tu és uma alma imensa. Imensa. E os invejosos estão aí, os maledicentes, os doentes. Vamos curá-los com teu amor denso que é pra isso que tu nasceste e pra isso que Laura nasceu contigo.

Eu te conheço melhor a partir do momento em que há Laura em tua vida. Eu sempre imagino a Laura, da tua idade, ou da minha, mais de dez anos mais velha do que tu, lendo este livro. Que bom que tu o escreveste. Imagina o Gui lendo isso. Imagina as meninas, as mulheres, avós do mundo, com tudo que elas sofreram. Imgina as mulheres na política lendo este livro agora, imagina as que virão. Esse teu testemunho pessoal, no meio do impessoal que é a política, vai ajudar muita gente a conectar-se de outro modo à maternidade, à família, ao outro, às outras, aos adversários, às diferenças, ao desconhecido, à política como um lugar natural que cada um, cada uma, deve habitar.

Eu quero te ver tornando realidade o sonho de tanta gente cada vez mais. Para isso sei que tu precisas continuar sendo quem tu és cada vez mais. Se eu fosse religiosa eu te abençoaria, como muitos devem ter feito. Mas eu sou só uma feminista, e tenho a sorte de ser tua amiga, de pertencer ao teu tempo, então eu te dedico as minhas palavras com votos de alegria e felicidades na tua caminhada, que é de tanta gente.

No meio desse mar de ódio, teu livro feito de amor imenso é cura.

Laura,
tu me ensinas a ser feliz
quando não tenho controle de nada.
Tu me salvas sendo amor em tempos de ódio.
Obrigada.

Filha,

Tu foste minha companhia mais alegre, minha parceira, minha inspiração. Tu te acostumaste com muitos colos, muitos amigos, muitos espaços. Tu foste a risada, minha e de toda a equipe, com as situações mais inusitadas que vivemos. Tu te acostumaste com as viagens, com uma rotina maluca, com as saudades de casa e de mim. Tu foste a menina que conquistou amigos em todos os cantos e fez de mim a única política que ganha massinha de modelar e bonecas de presente. Tu foste me ensinando a ser mãe na maluquice e me mostrando que só valia a pena se fosse assim: leve, divertido, amoroso. Tu me mudaste desde o dia que nasceu e nós nos mudamos completamente nesse último ano. Filha, minha filha, minha parceira, obrigada pela companhia, pela parceria, pelo amor. Tu viajaste por 19 estados, não ficaste uma semana sequer sem pegar um avião. Tu aprendeste a arrumar a própria mochila de brinquedos. Tu me fizeste resistir, me mantiveste sã, me fazes seguir adiante. A maior revolução é o amor. E tu me fizeste amar sem limites. Obrigada, filha. Talvez tu não lembres quando crescer, mas eu jamais vou esquecer de tudo o que vivemos e aprontamos juntas nesse ano inteirinho de campanha pelo Brasil.

REVOLUÇÃO LAURA

Manaus.
Entro na plenária lotada com Laura no colo,
atenta à multidão. As pessoas cantam: "Olê, Olê,
Olê, Olá, Manu e Lauraaa". Uma, duas, muitas
vezes. Ela sorri, abana, se sente parte do que está
acontecendo. Estava sendo acarinhada. E até
hoje e pra sempre "olê, olê, olê, olá"
é a nossa música.

MANUELA D'ÁVILA

Laura

Sempre quis uma filha chamada Cecília. Desde pequena. Nas brincadeiras familiares sempre tive Cecília e Luiza. No dia da eco da 13ª semana, Duca e eu estávamos no carro, voltando pra casa, e ele disse: gosto de Bárbara e Laura. Pesquisei no celular os significados e falei, enquanto fazíamos uma curva: Laura. Vai ser Laura. De Laureada, de triunfo. Ela é o nosso triunfo. A vitória de nosso amor, da superação de nossas tristezas. Como diz a música que Duca compôs para Laura, "menina, você resgatou o sol que um eclipse me roubou". Porque a gente tem certeza: o Alemão mandou esse solzinho quando chegou por lá.

REVOLUÇÃO LAURA

Menina / Duca Leindecker

Menina você me fez renascer
No instante em que chegou
Menina você transformou o ar
Que eu estava a respirar
Menina você resgatou o Sol
Que um eclipse me roubou
Menina quero te ver voar sozinha
Te ajudar a ver
Que o amor combina
Com o teu jeito
Cheiro de flor, jasmim
Ser ombro pra chorar
Toda dor tem fim
Menina você me fez perceber
Que eu vivia sem pensar
Menina você nem sabe falar
E nos ensina o que é amar
Menina quero te ver voar sozinha
Te ajudar a ver
Que o amor combina
Com o teu jeito
Cheiro de flor, jasmim
Ser ombro pra chorar
Toda dor tem fim

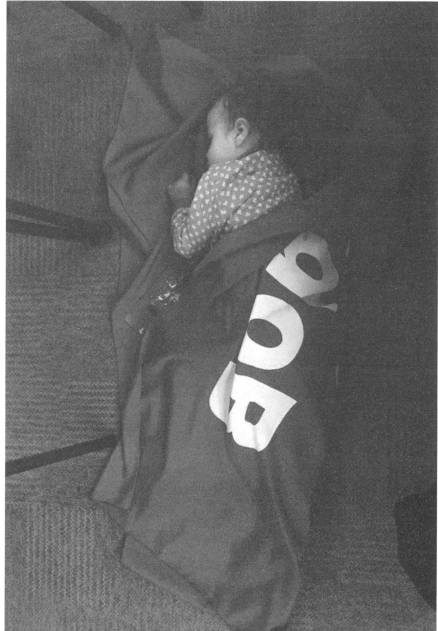

FOTO: ACERVO PESSOAL DE MANUELA D'ÁVILA

REVOLUÇÃO LAURA

O mundo está ao contrário e ninguém reparou

Quando a Laura tinha uns 45-50 dias, Duca teve um show na Serra gaúcha. Fomos juntas. Primeira noite dela em um hotel. Estávamos felizes como qualquer casal com um recém-nascido saudável. Ela já tinha assistido ao Duca cantar com Milton Nascimento, num show na Redenção, aos 28 dias. Mas aquela era a primeira vez viajando.

E então, no meio da festa, enquanto curtíamos o lindo show de Duca, uma mulher me agrediu e agrediu a Laura, que estava pendurada no sling. Batia no corpinho dela, enrolado no tecido, perguntando se eu havia comprado aquilo em Cuba ou na Coreia ou se havia comprado nas minhas férias em Miami com dinheiro público. Vou repetir, porque é importante: uma mulher dava batidas no corpo de um bebê com menos de dois meses pendurado no colo de sua mãe por causa de uma notícia falsa. Você consegue se imaginar nessa situação? Eu nem tive tempo para reagir. Quando percebi ela já estava longe. Não lembro direito de nada.

Aquilo me deixou catatônica por um grande período. Não conseguia ficar longe dela por medo do que poderiam fazer. Sentia que ela estava mais protegida perto de mim. Esta agressão, por mais contraditória que possa parecer, mudou o rumo de nossas vidas. Ali decidi que ia carregá-la mais comigo, protegê-la mais.

MANUELA D'ÁVILA

É meu símbolo particular de resistência, da beleza, da força doce, delicada e firme da vida.

EU SEMPRE ME EMOCIONO QUANDO VEJO A FLOR BROTAR NO MEIO DO ASFALTO.

REVOLUÇÃO LAURA

E sses dias recebi uma crítica por andar com uma camiseta que diz "lute como uma garota" e não "lute como uma mulher". Fiquei pensando sobre isso. Quando eu recebo críticas, no geral eu reflito sobre elas. Quando as críticas são fraternas e tentam nos ajudar. E eu percebi que, na verdade, a maior luta que a gente trava na vida é pra seguir lutando como a garota que nós fomos. E, há exatos vinte anos, eu fiz uma opção, como uma garota, de lutar por coisas que são as mais importantes. Nós lutamos como garotas quando nós não nos conformamos com a ideia de que existe um homem ou uma mulher melhor que outro homem e que outra mulher, ou que existe um jovem que pode viver e um outro que é fuzilado. Nós lutamos como garotas e como garotos quando nós não nos conformamos com a ideia de que existem crianças que são como a minha filha e outras crianças que não têm acesso a absolutamente nada. E o "tudo" a que essas crianças deveriam ter acesso é muito pouco. É uma sala de aula, é um professor, é um prato de comida, é o direito da mãe e do pai conviverem e darem afeto. Então, quando visto essa camiseta, entendo que, mais do que lutar como uma mulher ou lutar desde o lugar de fala de uma mulher, estou trazendo o que muitas vezes é visto como um defeito da juventude, mas que outras tantas vezes é a maior qualidade, que é a rebeldia*, que é a inconformidade, que é a convicção de que a realidade pode e será transformada. Isso é lutar como uma garota!

Rebelde é um adjetivo usado para qualificar quem não se conforma.

MANUELA D'ÁVILA

Uma mulher política. Grávida.

Minha gestação foi absolutamente tranquila do ponto de vista clínico. Estava saudável, me exercitei até o dia do parto. Politicamente, entretanto, o ambiente estava cada vez pior.

Me lembro bem de uma simulação feita por um deputado de extrema direita com pessoas tentando me acreditar com cinco meses de gestação. Estávamos num debate sobre ódio nas redes e pessoas começaram a se levantar e fazer provocações entre si. Uma calma surpreendente tomou conta de mim, que busquei apaziguar os ânimos. Pessoas quase chegando as vias de fato. Era um teatro, eram assessores que haviam ido ao encontro propositalmente para me atacar.

Eu havia organizado esse evento justamente porque outra *fake news* havia me feito compreender a gravidade do processo de pós--verdade que estávamos vivendo.

Imaginem que inventaram que eu estava:

1 – Em Miami
2 – Com dinheiro público
3 – Para fazer um enxoval.

REVOLUÇÃO LAURA

E eu nunca fui pra Miami, jamais viajei ou viajaria com dinheiro público e sequer fiz enxoval – Laura ganhou quase tudo de minhas sobrinhas Isadora e Bia.

Fiquei impressionada porque não poupavam uma gestante de mentiras. E fiquei muito brava na ocasião porque expuseram a imagem do Gui na internet.

Depois, quando voltei da viagem verdadeira que havia feito, percebi que muita gente havia acreditado e o debate passou a ser feito, pelos lados opostos, baseado na mentira e com duas versões: meu direito de fazer enxoval em Miami ou não. E essa história falsa se tornou oficialmente a minha, mudando minha forma de compreender o mundo e me fazendo compreender que o buraco era muito mais embaixo.

. . .

Lembro do Dr. Claudio (meu obstetra) dizer que as dores das contrações deviam ser vistas como a minha transformação em tua mãe. Sim, naquela noite, quase madrugada, me transformei em tua mãe. Me transformei também em outra mulher, diferente de todas as que eu havia sido até o momento.

REVOLUÇÃO LAURA

Como diz a música do teu pai, parece que sempre esperei pra te ver sorrir, pra poder seguir.

* * *

Há quem diga que vivemos o fim da era do humanismo, o fim do ciclo das conquistas da Revolução Francesa e, com isso, o fim de um sentimento construído historicamente com a revolução: a empatia, o colocar-se no lugar do outro, o sentir que o outro é um igual. Todos os dias, de algum modo, trabalho pra que não seja verdade.

MANUELA D'ÁVILA

A solidão de Brasília

Minha vida em Brasília havia se tornado muito solitária. Era demasiadamente triste ser jovem e mulher num lugar tão hostil com as mulheres e, sobretudo, com as mulheres jovens. Foram oito anos morando em hotel para não correr o risco de hospedar alguém e ouvir que era meu amante, oito anos em que rodava mais de dois mil quilômetros por final de semana pra me sentir em casa. Oito anos em que precisava ser de ferro. Hoje, ao olhar tudo que aconteceu e quem eu sou, fazia sentido. Não faz?

Tinha chegado em Brasília com 26 anos e uma votação extraordinária: saltei de meus 9.498 votos para surpreendentes 271.939. Uma guria, vinda do movimento estudantil, com votação estrondosa, a maior do Rio Grande do Sul, a mulher mais votada da história do estado. Absolutamente observada por todos. A "Musa do Congresso", eles diziam. Eu me incomodava, tentava responder: "Não concorri a um cargo de beleza, essa não é minha praia, eu vim do movimento estudantil". Meu protesto não era ouvido e não era sequer acolhido por outras pessoas de esquerda, nem mesmo por algumas mulheres. Era outro tempo. Lá em 2006/2007 o feminismo estava fora de moda, os jornais só se referiam a mim dessa maneira e eu não encontrava acolhimento de verdade em quase ninguém. Lembro como se fosse hoje do dia em que ouvi: "Meio antipático você dizer que não quer ser chamada de bonita. Quem não quer?". Eu! Eu não queria, não sabia ser.

REVOLUÇÃO LAURA

Então internamente me fechei. Externamente aceitei todas as entrevistas para as quais fui chamada. Parece contraditório. Não é. Me chamavam pra falar sobre "ser bonita". Eu falava sobre ser de luta.

Os corredores naquela época ainda eram frequentados basicamente por homens. Ou mais velhos que meu pai (que na época tinha 52) ou jovens que em sua grande maioria eram filhos de políticos, ou seja, conhecedores dos protocolos e caminhos. Hoje, doze anos depois, já temos 77 mulheres caminhando ali. Um dia, como indica a intensa mobilização social das mulheres, seremos metade do Congresso.

. . .

Em Brasília, ouvia dia e noite colegas da minha idade que se tornavam amigos pedindo conselhos sobre temas relacionados aos filhos. Ouvia-os dizer que não conheciam os filhos, que não conseguiam conversar com eles. E decidi que comigo não seria igual, embora não tivesse a menor ideia de como seria.

MANUELA D'ÁVILA

Bota mais água no feijão que eu tô voltando

Era 2013 e a vida em Brasília começou a me fazer cada vez mais infeliz. Novos movimentos sociais surgiam pelas ruas, eu já não entendia muito sobre eles. Era tempo de mobilizar muitas causas e eu queria ouvir, entender. Eu tinha passado minha juventude toda em Brasília, trancada no Congresso das oito à meia-noite, 24 horas, sem sair pra jantar pra não ouvir que estava por aí, sem me divertir, sem me permitir ter qualquer rotina fora do trabalho.

Chegava ao RS e viajava o estado todo para buscar o contato com a população e me sentia cada vez mais desconectada de coisas e pessoas importantes para mim, como minha família, minhas sobrinhas amadas Isa e Bia, de uma rotina dentro de casa.

Minha juventude tinha passado, eu tinha 32 anos e queria me sentir dona de minha vida adulta.

Cresci acompanhada pela população e sempre estive muito ciente do significado de ser uma representante, uma servidora pública. Dos 22 aos 32 basicamente fiz apenas isso. Chegava a hora de voltar a me sentir inteira. Decidi voltar ao RS.

Conversei com meu partido sobre minha necessidade de respirar, de agir politicamente próxima aos movimentos sociais, de ir à feira, de viver com Duca e Gui, de estudar e de, quem sabe, engra-

REVOLUÇÃO LAURA

vidar de uma maneira que eu considerasse boa pra mim (não me via indo e vindo com um barrigão).

Fui absolutamente acolhida pelas pessoas que eu considerava as mais importantes.

Foi muito bonito – e me emociono sempre que lembro – me ver respeitada e notar os olhares emocionados das meninas da bancada, as grandes responsáveis – junto com meu marido e o Gui – por eu ter tido coragem de subverter o sistema. Lembro de um e-mail lindo que recebi de minha mãe sobre sempre ser tempo de mudar para ser feliz.

De muitos eu ouvia: "Ela está completamente louca, a deputada mais votada da história do RS vai largar tudo!" (eu fiz 482 mil votos em minha reeleição em 2010, sendo a deputada mais votada proporcionalmente do país, foram 8% dos votos do estado). "Ela pode ser ministra, pode ser tudo, é líder da bancada" (eu estava no espaço mais importante da Câmara quando decidi não concorrer). Ouvi também: "Nunca mais vais voltar ao cenário político nacional". Mas eu tinha certeza de que estava certa. Não apenas porque estava ouvindo o meu coração e me sentindo livre. Mas, principalmente, porque não acredito que possamos ser bons se não estivermos inteiros. Minha razão havia me mostrado isso nos 10 anos de mandato (dois anos de vereadora e oito de federal). Eu estava inteira e tive forças para construir coisas incríveis. Ouvia também que era um plano meu para estar perto da população e disputar a prefeitura. Era impressionante como ninguém – exceto os meus – acreditava na minha necessidade de reorganizar a vida e na perspectiva de que a política não era tudo e que minhas ambições não estavam ali, naquele espaço de poder.

Aceitei concorrer a deputada estadual muito animada. Eu nunca havia sido e pra mim não há cargo menor que o outro. Há desejo, estar inteiro, ter vontade de servir. Foi uma campanha difícil, já havia muita agressão física nas ruas. Mas eu estava muito feliz por ter tido coragem. Muito feliz. Me sentia dona de minha vida, livre.

Nosso próprio mar

Comecei a namorar o Duca na época mais difícil de nossas vidas: ele recém-separado, cuidando sozinho do Guilherme, meu enteado, que a gente chama de Gui. E com o irmão, parceiro e melhor amigo, com um câncer violento. Eu saindo de uma eleição pra prefeitura em que fui emocionalmente destruída e de um relacionamento que me machucou muito. Era a primeira vez que eu não tinha a menor ideia do que fazer da vida. Vez em quando, as decepções fazem isso, a gente perde referências importantes e acaba sem saber direito quem é. Duca me deu a mão. Eu dei a mão pra ele. Como brincamos entre nós, tinha tudo pra dar errado. Vencemos cada uma das confusões. Como Duca canta: "o amor é maior que tudo, do que todos, até a dor se vai". Se foi. Se foram nossas dores, vieram outras tantas. Mas já estávamos de mãos dadas e mais fortes para enfrentá-las.

REVOLUÇÃO LAURA

A vida foi generosa conosco e acho que o fato de sermos dois cabeças-duras ajudou: tínhamos a mesma ideia de que não tinha como não dar certo, sabe-se lá por que a crença sempre foi tão grande. Graças a Deus! Me casei com um dos meus ídolos da adolescência e ele ganhou uma parceira pra tudo.

* * *

Depois de lutar tantos anos contra o título de "Musa do Congresso", virei musa de verdade (hahaha). Inspirei algumas músicas do Duca. Sou apaixonada por elas: "Nosso Próprio Mar", a última dele no Cidadão Quem, e "Moinhos Gigantes" (música do nosso casamento), do álbum Baixar Armas.

O problema não é ser musa. O problema é querer ser. Dele eu quero. Sempre. ♥

REVOLUÇÃO LAURA

FOTO: PEDRO ROCHA

Abraça o mundo, sente como se cada parte do mundo fosse parte de teu pequeno corpo. Vais sentir dores porque o mundo dói. Vais viver amores, porque existe amor por toda parte. Abraça teu corpo ao mundo, filha.

MANUELA D'ÁVILA

Relógio biológico

Aos 31, apaixonada, pensei algo que muitas mulheres pensam, em função do chamado "relógio biológico", QUE NA VERDADE, mais do que um tema relacionado à questão biológica em si, É UM GRANDE RELÓGIO da sociedade machista SOBRE NÓS. Pensei: se meu namoro com esse cara não der certo, talvez não tenha tempo de começar tudo de novo outra vez e ter filhos. Talvez ele nem queira ter outro filho. Então fiz, sem avisar a ninguém, uma consulta com minha gineco para saber como funcionava congelamento de óvulos. Não precisava ainda me preocupar com isso, ela me disse depois de um exame de sangue (eu nem sabia que isso existia!). Ainda bem. Porque eu também não teria dinheiro pra congelar óvulo nenhum (risos), custa bem caro. Nesse ato quase automático, percebo dois traços de minha personalidade. Primeiro, a dificuldade que eu tinha de embarcar numa história de verdade com alguém, de me entregar. Eu não queria me sentir obrigada a ficar com alguém "para ser mãe", e não queria falar com Duca porque para mim aquilo significaria que ele poderia se sentir pressionado. Segundo, sempre tento prever tudo e sempre prevejo com resultado negativo pra mim. Plano A: fico com ele e ele não quer ter filhos. Plano B: fico sozinha e já estarei mais velha e sem condições de engravidar e ter filhos.

Eu estava errada em todas as possibilidades. Que bom!

Hoje cedo fiz agenda com minha amiga Jussara Cony no Largo Glênio Peres. Como estou na estrada para prestar contas do mandato em Rolante e palestrar em Osório, Laura estava comigo. Adoro conversar com as pessoas. Hoje, uma mulher passou sem ver que era eu e gritou: "Pobre criança!". Depois, veio falar comigo, era minha eleitora. Devo confessar que nada me irrita tanto quanto alguém se meter na forma como eu e Duca criamos Laura. Não, isso não significa não dar opinião, significa JULGAR. Laura é uma criança que não toma e odiou leites que não o materno, ela MAMA. Laura é uma criança calma e sorridente. Laura estava feliz e quentinha dentro de minha "mochila". Laura estava acompanhada da mãe. Por que haveria de ser "pobre criança"? Porque nossa cultura diz que lugar de mulher é privado e não público, porque a indústria do leite em pó diz que é ótima substituta para o leite materno, porque sempre tem uma avó para ficar com o bebê (minha mãe trabalha e minha sogra já criou os filhos!). Por que será que somos tão poucas na política? Por isso digo e repito: discutir mulher na política ou no espaço público é discutir muito mais que o voto. É discutir os espaços. Todos eles.

MANUELA D'ÁVILA

Eu não preciso ser mãe pra ser uma mulher que "deu certo"

Primeiro pacifiquei o desejo de ser mãe amando o Gui. Pensava: "Cuido muito do mundo, busco ajudar todos a terem filhos felizes e com direitos e tenho um amor enorme pelo Gui, tudo bem se eu não for mãe". Foi um processo dolorido e bonito de desconstrução da maternidade condicionada, da ideia de que só seria feliz sendo mãe. Essa mudança também foi dura e libertadora. Nesse processo de transformação pós-2012, comecei a perceber que eu poderia ter uma vida inteira fantástica sem gerar um filho. Seria livre, divertido, seguiria viajando como gosto, cuidando de minha carreira. Já imaginava como era o amor materno, já o sentia e vivia pelo Gui. Então, rompi com tudo o que havia imaginado até o momento. Tive que enfrentar o pensamento monstruoso da "mulher sozinha" que nos é vendido quando decidimos não ser mães. Chorei pelos Dias das Mães que não viveria. Depois disso, fiquei tranquila.

Eu podia ser ou não ser mãe. Eram dois caminhos. Diferentes, como são todos. Não havia caminho único. Só eu era dona de minha vida. Eu vivia minha vida e ninguém mais.

REVOLUÇÃO LAURA

Os dedos de Laura se conectam comigo por um sinal que carrego um palmo abaixo do pescoço. Desde que saiu da barriga, ela foi pro peito e não sabia onde colocar as mãos enquanto mamava. No fundo, existem mesmo muitas circunstâncias em que não sabemos onde enfiar as mãos. Nas fotos posadas, por exemplo. Multidão? Sinalzinho. Sono? Sinalzinho. Medo? Sinalzinho. Aquele dedinho fica ali, como uma antena capaz de levar meu amor até ela.

FOTO: MARIA EDUARDA JOSÉ

REVOLUÇÃO LAURA

Coragem é agir com o coração

No fim de janeiro de 2016, quando Laura tinha cinco meses, anunciei publicamente algo que muitos já sabiam: não concorreria a prefeita mesmo que estivesse em primeiro lugar em todas as pesquisas e muitos partidos quisessem me apoiar. Precisava fazer o que achava certo para mim e não acharia certo – nem se eu fosse homem e não amamentasse – entrar em uma campanha com um bebê de cinco meses.

Ouvi tudo o que poderia ouvir mais uma vez. Muita incompreensão, muito julgamento, e mais "o cavalo não vai passar encilhado duas vezes", muito "não está ajudando as mulheres" (mas acaso eu quero ser um novo homem? Com seus limites e erros? Não! Quero que eles mudem!). Ouvi que estava enterrada de vez na política por ter feito em duas eleições aquilo que julgava ser o melhor e o mais correto.

Era o certo pra mim, pra minha vida. Exigi respeito. Assim como teria exigido se eu tomasse a decisão exatamente contrária e quisesse concorrer. Agora, imaginem se minha decisão fosse exatamente a contrária, ver pouco Laura, colocar na creche o dia todo, deixá-la com a avó, babá, tia. Imaginaram? Pensem como eu também seria julgada? Nunca estão satisfeitos com nosso comportamento.

Foi esta segunda decisão libertária que me permitiu seguir deputada estadual, me engajar nas eleições de outras pessoas e me dedicar à Laura no meu tempo livre.

Viajamos o estado inteiro. Quaraí, Bagé, Cruz Alta, Rio Grande, Pelotas, Erechim. Eram dias lindos. Nós duas no carro, viajando, descobrindo juntas esse mundo. Fazia sol naquele inverno de 2016. Eram dias duros. Mas estávamos juntas. Certamente foi aí que estabeleci o padrão de viajar com Laura, me divertir com ela por aí, acostumei-a com as camas e chuveiros de hotel. No interior do Rio Grande nos preparamos para ocupar qualquer lugar!

FOTO: ACERVO PESSOAL DE MANUELA D'ÁVILA

MANUELA D'ÁVILA

Existe "estar pronta" pra engravidar?

Eu nunca senti isso. Quando acabou a eleição para deputada estadual, em 2014, eu e Duca decidimos começar a tentar a gravidez. Confesso que não pensava muito nisso. Já estava tranquila com minha reflexão sobre eventualmente não ser mãe, não sentia uma certeza dentro de mim sobre "ser a hora". As pessoas me contavam suas histórias de gestação planejada sempre acompanhadas de um "eu tinha certeza de que era a hora". Eu não tinha. De nada.

Duca tinha certeza, e era relacionada ao fato de que queria ser pai de criança antes dos 50 porque, dizia ele, sabia exatamente o que estava por vir. A certeza dele, graças a Deus, valeu por nós dois. Ele, aliás, sempre brincou: "Não pode ter maior prova de amor do que querer ter um filho depois que sabemos o que é ter um filho". Hoje, passados quatro anos da gestação de Laura, concordo plenamente com ele.

Compramos com milhas uma viagem pro Japão, uma espécie de lua de mel, e eu parei de tomar anticoncepcional em outubro. Acreditava naquele papo (furado) dos dois anos para conseguir engravidar. Um mês depois, no meio de dezembro, deitei uma tarde depois do almoço na casa da lagoa, em Osório, e dormi quatro horas. Pensei: estou doente ou grávida, isso é mais do que eu durmo em uma noite (sempre

REVOLUÇÃO LAURA

dormi pouco). Fui fazer um exame de farmácia comprado por minha amiga Titi e deu falso. Ela me disse: "Tu quer muito engravidar, é isso". Era não. Eu sabia que estava grávida e fui ao laboratório no dia 26.

Voltamos para a casa da lagoa, construída pelo próprio Duca, tábua por tábua, e sentamos embaixo das estrelas, que ficam muito mais lindas ali.

Eram dias tristes. Alemão, meu cunhado querido, irmão mais novo, parceiro e melhor amigo de Duca, tinha morrido havia pouco mais de um mês, em 21 de novembro.

Abri o celular, printei o resultado e enviei por Whats a ele, que estava sentado do meu lado. Ele não entendeu. Eu disse: "Estou grávida". Ele respondeu: "Já?". Ficamos impressionados e morrendo de rir. Eu não saberia descrever meu sentimento. Mas sei que não tinha absolutamente nada daquilo que a vida inteira me diziam. Não teve fundo musical, não teve amor enlouquecedor e automático pela criança que viria. Teve ansiedade e emoção. Mesmo sendo um bebê planejado, desejado e fruto de uma relação saudável e com muito amor.

MANUELA D'ÁVILA

É sempre amor, mesmo que mude

O comentário mais frequente quando eu falava que amava o Gui como filho antes de ser mãe era algo como: "Não fala bobagem, você não sabe o que é o amor de mãe, quando tiver seu próprio filho vai entender". Quando eu fiquei grávida de Laura, a primeira frase que disse pro Gui, em seu quarto, quando contamos pra família inteira e ele saiu pra ligar pra sua mãe, foi: "Gui, agora estaremos juntos pra sempre, você sempre vai ser o irmão de minha filha". Porque eu morria de medo de perdê-lo, de minha relação acabar e eu não ter mais contato com aquele menino que amo tanto.

Pois bem, Laura nasceria. Nasceria e me faria ficar tomada desse sentimento que chamam de amor, mas que eu insisto que deveria ter outro nome. É claro que recém-nascidos, frágeis e indefesos, crianças pequenas todas cheias de palavras enganadas e fofuras, despertam muitos sentimentos lindos. É claro. Quem acha mais bonito um adolescente com barba e espinhas na cara do que um bebezinho aprendendo a andar? Quem prefere o chulé de um pé 43 ao cheirinho de leite dos pezinhos do RN? Mas o amor. O amor é igual. O lugar do peito que fica cheio é o mesmo. O filho da barriga e o filho que não é da barriga são iguais, como sempre me disseram minhas amigas que adotaram. Eu não adotei. Sou madrasta. E posso garantir:

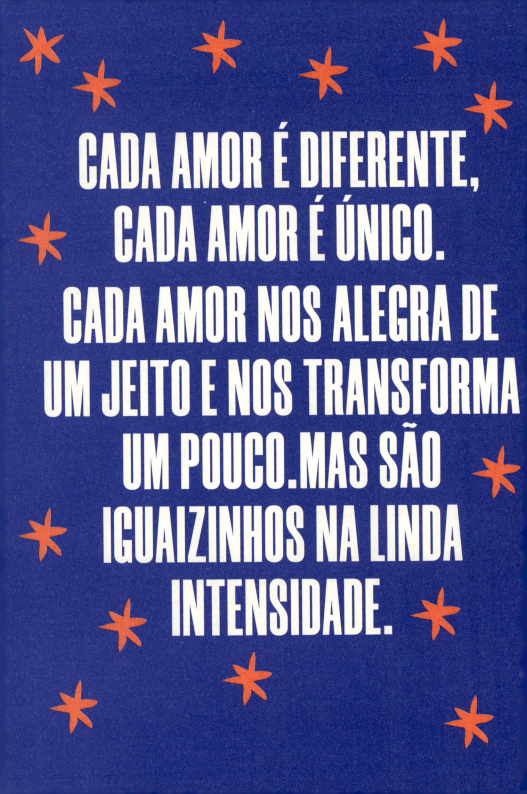

MANUELA D'ÁVILA

A chatice de ser política e as pessoas não "fazerem a egípcia" pra isso

Com 27 semanas de gestação mudei de obstetra, porque ela decidiu falar mal de meu querido amigo Jean Wyllys (Jean, te amo, beijo, me liga) baseada em *fake news* sobre seu trabalho em defesa da humanização do nascimento. Ela me disse: "Cada burrice que a gente vê por aí, imagina um deputado achar que entende de gestação". E começou a me falar mentiras absurdas sobre ele. Não falei nada, não falamos nada. Saímos dali e nos olhamos, eu e Duca: "Vamos procurar outro médico, tudo tranquilo".

Ela também já tinha me incomodado ao dizer que o meu parto seria um acontecimento, que eu "não desse fiasco", ou seja, que não fizesse escândalo. Fiquei absolutamente chocada/magoada. Afinal, meu parto era só meu parto. Só mais um parto. De mais uma mulher se redescobrindo e descobrindo o "ser mãe". Mas o episódio Jean era a gota d'água. Não. Não poderia ter segurança pra me entregar a alguém que caía em mentiras, que as reproduzia e que ainda me tratava como alguém diferente.

REVOLUÇÃO LAURA

Liguei para alguns amigos médicos e encontrei um obstetra gentil e muito querido que atendia na vizinha cidade de Canoas. Adorava quando me perguntavam quem era o obstetra e eu podia dizer que ele era chefe da obstetrícia do maior hospital público do estado. Eu e Duca – que me acompanhou em todas as consultas – íamos toda semana lá (começamos com 28) e nos divertíamos comendo pastel no boteco da esquina.

Lembro sempre do Dr. Claudio me pedir para que eu me olhasse no espelho com atenção e me despedisse de mim. Eu estava me transformando na mãe da Laura. Que verdadeiro. Por isso mesmo – lembro bem – alguns dias antes do nascimento de Laura eu parei e me olhei no espelho do banheiro ao sair do banho, e chorei compulsivamente diante do incerto do futuro, diante de minhas inseguranças, diante da expectativa, diante de mim mesma.

. . .

Fazer a egípcia é uma expressão que significa agir com total indiferença, como as artes egípcias da antiguidade, que retratam pessoas com ares de superioridade.

MANUELA D'ÁVILA

Parto: perda total de controle

Depois de 39 semanas e 4 dias fui ao consultório do Dr. Claudio fazer um exame de rotina. Ele me disse: "Nos vemos no domingo para começar a acompanhar" (fechavam 40 semanas e precisaria fazer um exame específico para esperar mais tempo pelo trabalho de parto). Eu respondi: "Vou lhe ver antes de domingo, doutor". Ele disse que não e eu sorri. Chegamos em casa e fiz uma massa para jantarmos. Lembro de ter na mesa de jantar a primeira contração forte (tinha as chamadas contrações de treinamento havia muitas semanas e minhas noites já eram insones, embaixo do chuveiro quente). Mas a dor rapidamente tornou-se muito grande. Lembro de ter me sentado no chão enquanto Duca tocava violão. Me agarrei com tanta força no tapete na noite daquele 26 de agosto que queimei o braço.

Minha mãe sempre falava de seus partos (foram cinco) com muita naturalidade. Eu mesma cresci ouvindo que tinha nascido antes da lavagem e por isso toda sujinha (antigamente faziam lavagem nas mulheres). Sempre eram partos rápidos e tudo muito simples. Então, talvez por isso, parir pra mim sempre foi imaginariamente fácil e acertadamente normal.

De um lado, a vantagem de não ter crescido sob aquela influência cinematográfica do "Meu Deus!!! Como é horrível parir", que

REVOLUÇÃO LAURA

leva milhares de mulheres a buscarem evitar um sofrimento que sequer conhecem. Por outro lado, tenho a impressão de que isso fez com que não me preparasse o suficiente para aquele dia. Tinha as malas prontas, tinha feito curso de massagem com Duca, sabia que a bola de pilates e o banho ajudavam nas contrações. Mas não sabia o que estava por vir. Quando chegou a uma da manhã, comecei a ficar com medo de parir em casa. Afinal, eu acreditava que tudo era muito rápido e já sentia dor há muito tempo.

O hospital era longe e eu e Duca decidimos dar uma passada lá. Cheguei com um centímetro de dilatação. Melhor voltar pra casa, disse o doutor, com razão, embora eu não o tenha ouvido. Também permitiu me fazer uma medicação para dor, na veia. Ocorre que a medicação demorou e cheguei a três centímetros de dilatação enquanto ela era aplicada. Estava mais rápido. Fiquei com medo de sair do hospital e decidi ficar por lá, inspirada na ideia de que a dilatação era rápida, como minha mãe dizia. Acho que esta foi a minha decisão errada: ficar lá naquele quarto, preparado para isso, mas pequeno para caminhar o suficiente.

Duca ficou lindamente tocando violão e me fazendo massagens, eu enfrentei um trabalho de parto muito longo e, no fim do dia 27 de agosto, às onze da noite, Laura chegou através de uma cesariana.

Foi tudo muito difícil porque, embora eu estivesse acordada – vi no vídeo depois de um tempo, quando tive coragem –, não recordo do primeiro encontro com ela. Minha primeira imagem dela na memória é algum tempo depois, quando ela veio mamar, já toda linda.

Esse processo mudou completamente a minha vida. Ali com-

MANUELA D'ÁVILA

preendi que não tenho controle de nada, sobre nada, nem sobre mim mesma! Imaginem que, em algum sentido, eu não estive presente conscientemente no momento mais importante de minha vida.

Meu parto fez eu me jogar de cabeça na maternidade para nunca mais ser surpreendida por subestimar algo.

REVOLUÇÃO LAURA

Quase morri de tristeza nos dias mais alegres de minha vida

Entrei na sala da cesárea e encontrei a médica parceira do Dr. Claudio, a Maria Fernanda, exatamente com o mesmo tempo de gestação que eu, uma barriga enorme e ali, me ajudando a trazer Laura ao mundo. Lembro de gritar para Duca, ainda do lado de fora da sala de cirurgia, que eu estava sentindo a dor do corte da cesárea. Lembro de, no dia seguinte, Dr. Claudio entrar no quarto muito chocado com uma postagem de outra médica, uma terceira, com supostos detalhes de meu parto, fazendo uma provocação política barata. A lógica era a mesma da obstetra que havia falado mal do Jean: "Ah, Manuela, sua malandra, defende parto humanizado e faz cesárea. Como você se sente sendo assim? Responda depois, claro, agora você está comemorando ter sua filha nos braços".

E eu ali, tentando falar pro Duca que eu não lembrava do nascimento. Lembro de chorar escondida no banheiro.

Do pânico e da dor de perceber que nem no momento mais lindo e doído da minha vida os meus adversários me respeitavam. Nem aquele momento eles preservavam.

MANUELA D'ÁVILA

Levei algum tempo para parar de chorar e me culpar por não lembrar do nascimento de Laura.

Duca me ajudou muito.

Um dia ele conseguiu me fazer ver o DVD do parto (até hoje só consegui ver aquela vez). Me fez ver que eu estava acordada, mesmo que não me lembre. Me contou que achou que eu estivesse morta e que pensou: já perdi meu pai, meu melhor amigo Cau, recentemente meu irmão e agora minha mulher. Nos demos a mão e superei, aos poucos, aquela tristeza enorme que me consumia no momento mais lindo que já havia vivido.

E nesses dias o vínculo entre mim e Laura se deu de maneira linda e muito intensa pela facilidade com que amamentei. Eu estava arrasada por ter "falhado no parto". Por não ter sido forte o suficiente. Por ter errado e ficado no hospital. Mas graças a Deus tudo tinha dado certo. Estávamos todos ali. Em casa. Saudáveis e felizes.

. . .

Ganhei uma ação cível que movi contra essa médica que escreveu sobre meu parto na hora seguinte à sua realização. Ganhei no 2º grau, ou seja, no Tribunal de Justiça. Entrei porque não posso admitir que alguém machuque tanto outra pessoa (seja essa pessoa quem for, ainda mais uma obstetra escrever absurdos sobre uma mulher no puerpério). Lembro da audiência, lembro de olhar pro advogado dela e perguntar: "O senhor tem filhos? O senhor se lembra da primeira vez que pegou seu filho no colo?". Ele sorriu e assentiu com a cabeça.

REVOLUÇÃO LAURA

Eu gritei: "Eu não. Eu não lembro. Foi sobre isso que sua cliente escreveu debochando". Lembro também da garra com que meu advogado Juliano Tonial me defendeu, porque me via chorar quando tentava ler o texto. Lembro das testemunhas de defesa dela: todas falando de questões ideológicas sobre o Jean e sobre mim, baseadas em *fake news*.

MANUELA D'ÁVILA

Amamentação

Olhando pra trás, acho que amamentar se tornou tão importante pra mim como forma de equilíbrio, pela ausência do idealizado parto normal, pela não lembrança do nascimento de Laura.

Quando minha licença acabou, em 27 de dezembro, o governador convocou uma sessão extraordinária e ficamos umas duas noites lá, virando noite. Duca levava Laura de hora em hora (quanto mais quente, mais o bebê precisa ser amamentado, assim como quanto maior ele é, mais fome sente). Então entre o 4º e o 6º mês de Laura, ela era levada por ele para continuar sendo exclusivamente amamentada. Isso foi acontecendo naturalmente.

Depois, como ela não foi pra creche em 2016, ela ia lá almoçar comigo, pra mamar, levada pelo pai, ou então passava um período comigo enquanto eu trabalhava.

Assim, aos poucos, fomos ocupando o espaço público.

Não era proposital. Não era planejado. Eu a levava para amamentar no banheiro do plenário porque sabia que ela preferia lugares silenciosos. Um tempo depois, num dia de alta tensão na Comissão de Direitos Humanos, acabei amamentando-a em plenário. A foto, disponibilizada pela própria Assembleia, acabou, para minha surpresa, rodando o mundo.

Por que minha foto correu o mundo?

Comecei a receber dezenas e depois centenas de notificações de compartilhamentos e citações de minha foto. América Latina,

REVOLUÇÃO LAURA

Europa, Índia, Japão, Nigéria... Fiquei reflexiva sobre os porquês dessa foto chamar tanta atenção.

Laura frequentava meu trabalho quando necessário. Ela foi amamentada exclusivamente até os seis meses e eu tive quatro de licença. Ela seguia mamando no peito – embora já se alimentasse – e era cuidada por mim e por meu marido. Quando estava na Assembleia a alimentava, via de regra, no gabinete ou no banheiro. Buscava um local em que ela se sentisse acolhida. Aquele dia, porém, a comissão começou a se estender por pautas trazidas por mim. Ela mamou ali. E dormiu. Todas as mulheres que são mães e amamentam ou amamentaram sabem que esse gesto é natural e espontâneo! Porém, um dos fotógrafos da Assembleia teve a felicidade de bater a foto. O que chamava atenção na foto em minha opinião? Mulheres em espaços de poder, crianças em espaços de poder, vida em espaços de poder. A política é masculina e machista, a política não tem espaço para as mulheres, a política não tem espaço para o que nos diferencia dos homens, a política não tem espaço para a ingenuidade e para a alegria das crianças, não tem espaço para a naturalidade com que conciliamos nosso trabalho e nossas lutas com nossos bebês. Levar Laura comigo tornou-se, sem que eu percebesse, uma forma de resistir à política que desumaniza.

Recebi, também, críticas. Deveria eu optar entre ocupar meu espaço e criar minha filha da forma como acredito (e que a Organização Mundial da Saúde recomenda), amamentando-a? Eu deixei de concorrer a prefeita de Porto Alegre, numa eleição em que liderava

MANUELA D'ÁVILA

todos os cenários, por julgar que nos primeiros anos minha dedicação à Laura devia ser ainda maior. Não deixei, porém, de ser militante e de lutar para transformar o mundo. Sinto, aliás, ainda mais convicção da necessidade dessa transformação após o nascimento dela. Não queria que ela vivesse num mundo em que ministros faziam piadas machistas, em que políticos achavam que levar o filho na escola era "notícia". Queria que ela vivesse num mundo em que uma mãe amamentar um filho não surpreendesse. Para isso, a política precisa ser espaço de humanização e transformação. Você não acha?

FOTO: VINICIUS REIS

REVOLUÇÃO LAURA

As crianças existem

A construção da presença de Laura nos espaços públicos foi gradual e transformadora. Para mim e para muitos. Jamais imaginei que seria assim. Fiz valer a máxima de que o caminho se faz ao caminhar. Minas Gerais, a terra da liberdade, faz parte de momentos de virada nessa trajetória. Recordo com muito afeto de alguns instantes da campanha que vivemos juntas lá. O primeiro deles foi um momento em que desci no aeroporto, ainda candidata à presidência, e minha amiga querida Jô Moraes me esperava com uma comitiva mirim. Todas as pessoas do partido com filhos em idades equivalentes à de Laura levaram seus filhos para que ela pudesse brincar. Me pus a chorar. Tínhamos vencido. Porque estávamos sendo acolhidas. Finalmente, depois de meses, eu não estava sendo recebida com afeto crítico.

Chegamos ao Palácio da Liberdade e o Governador Pimentel entrou na minha onda e continuou dizendo que aquele era o castelo da Frozen. Laura cantava na sacada: "livre estou, livre estou". Foi lindo.

Eu morrendo de medo que ela quebrasse as porcelanas espalhadas pelo Palácio e o governador Pimentel tratando-a com absoluta naturalidade. Só Deus sabe como dentro de nós precisamos dessa aprovação dos outros em alguns momentos. Lembro de meu orgulho quando vi a foto do jornal Correio do Povo, no dia seguinte. Eu, Laura e Pimentel. Sentados ali, no Palácio trabalhando. Eu estava conseguindo.

MANUELA D'ÁVILA

Um tempo depois, já na condição de candidata a vice-presidente, estava em casa, arrumando minha mala para ir a Minas. Meu telefone tocou o sinal de mensagem no WhatsApp. Era o governador Pimentel.

"MANU, VOCÊ VEM COM A MENINA?"

Meu coração pulou de braba. Só o que me faltava àquela altura do campeonato – já estávamos em setembro – alguém querer me dizer que não devia levar a Laura. "Não, governador, casualmente, não vou com Laura". Minutos depois, li: "Ah, que pena, queria levar minha filha para lhe fazer companhia". Chorei. Tínhamos vencido tanto preconceito. Fomos acolhidas.

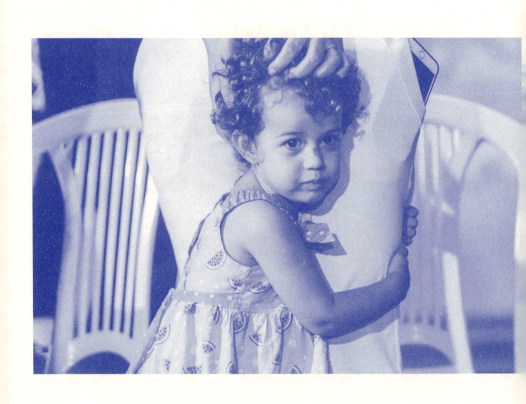

MANUELA D'ÁVILA

Durante a campanha me disseram que o estranhamento da presença de uma mulher com seu bebê no ambiente político apenas reforça a necessidade de termos mais mulheres na política.

E VOCÊ,
JÁ VOTOU
EM UMA
MULHER?

REVOLUÇÃO LAURA

"Melhor acreditar que nada se perdeu,
Quem vive pra lutar conquista o seu próprio mar,
O barco segue e vai, na proa o nosso céu (...)
Tudo é mais forte na vida quando esse barco navegar"
Trecho da música "Nosso próprio mar",
da banda Cidadão Quem

FOTO: KARLA BOUGH

MANUELA D'ÁVILA

Tenho muitas frases escritas para que quando
"eu olhar pro abismo, ele nunca olhe pra dentro de mim".* Dessa
eleição, trago duas: "Amar e mudar as coisas", do Belchior, e
"Amor sem anestesia", de Chico César

* Nietzsche

Minha filha,

Hoje vais pela primeira vez para a creche. Eu e teu pai somos muito felizes por podermos fazer tantas escolhas tão raras para as famílias brasileiras. A primeira delas é o fato de termos ficado contigo em casa até hoje, ou seja, por quase um ano e meio. Ficamos contigo conciliando com nossos trabalhos, meu estudo. Mudamos nossas vidas para nos dedicarmos a ti, como acreditamos ser melhor. Cada dia foi lindo. Te ver e ver teu desenvolvimento me emociona muitas vezes. Te amamentar em livre demanda durante todo esse período foi uma descoberta sem fim. Superamos dificuldades, preconceitos, cansaço. E somos por isso também privilegiados.

Mas tu estás crescendo e nós decidimos te colocar, por um turno, na creche. Estás feliz, agitada, (olha a tua mochila da Peppa!!!) e caminhas por tudo. A tua escola é especial para o teu pai. A casa da esquina. A casa das flores dos sonhos da infância do teu pai. Hoje começas uma nova etapa. Um mundo sem nós, um mundo mais teu, um mundo de novas relações. Um mundo mais perto do que viverás por muitos anos. Eu te quero feliz. Pois só eu sei o quanto esperei para te ver sorrir.

FOTO: ALEX SANDER

REVOLUÇÃO LAURA

Mamãe vai ser presidente

"Precisamos falar com a Laura sobre a tua candidatura à presidência", Duca me disse, pouco antes de uma viagem que íamos fazer em janeiro, na hora do almoço.

Era preciso explicar para que ela compreendesse minhas ausências e compreendesse por que nossa rotina juntas ia mudar tanto. Para que soubesse que estava tudo certo. Então nós a chamamos na sala e perguntamos se ela entendia que eu tinha um trabalho novo. Duca disse: "Mamãe agora tem um trabalho novo, um trabalho muito grande. Ela é candidata a presidente do Brasil". Laura desconversou e voltou pro quarto, fez pouco caso.

No outro dia ela me chamou: "Tu pode me responder uma coisa? Tu é ou não é presidente do Brasil?". Respondi: "Não sou não, filha". Ela rebateu: "Não mente. Eu sei que tu é. Todo mundo fica gritando: 'Manu pasidente, Manu pasidente.'"

Não consegui explicar para Laura que no Brasil de 2018, para alguém ser presidente, precisa vencer as eleições, porque entre vontade e realidade na política existe a democracia. Laura não compreendeu a democracia por ter menos de três anos. E algumas pessoas bastante adultas que ainda não entenderam?

MANUELA D'ÁVILA

Algum tempo depois, brava comigo por alguma besteira, ela ergueu o dedo e me disse: "E escuta aqui ó, tu não é mais 'pasidente' do Brasil. Eu que sou a 'pasidente' pequenina do Brasil".

MANUELA D'ÁVILA

Agora era pra valer

5 de dezembro de 2017, nossa primeira viagem de pré-campanha pra valer juntas. Fomos a Marabá, sul do estado do Pará. Eu era candidata e você era minha filha. Você era tão pequenina. Você mamava no peito e eu havia dito ao PCdoB, um mês antes, em 5 de novembro, que essa era minha única condição para aceitar a candidatura à presidência: poder levar você quando fosse necessário. Eu podia ficar sem mandato, sem nenhum problema, estava disposta a viajar o Brasil, a enfrentar as ofensas e agressões machistas, embora tenha refletido muito sobre isso. Mas eu precisava viver minha maternidade como havia vivido nos últimos dois anos e como acredito ser o correto. Correto para mim, claro. Não há nenhum padrão. Só aquilo que faz bem para mim e para você.

Eu não sabia muito como ia funcionar, eu e teu pai sempre dividimos as responsabilidades sem ajuda de ninguém. Viajaríamos por mais de um ano, filha. O Brasil inteiro. Você começou tão pequeninha e terminaria uma moça grande e sabida. Começaríamos com os voos intermináveis e noturnos que ligam o sul do Brasil ao sul do Pará, mudança abrupta e radical de temperatura, cultura, comida. Você ali, apaixonada e com os olhos brilhando para a cesta de mangas que encontramos no acampamento do MST. Já os meus encheram-se de lágrimas quando a vi brincando com crianças tão iguais e tão diferentes de você. Tudo faria sentido. O que justificava essa maluquice é justamente o fato de lutarmos para que vocês tenham direito de ser diferentes, mas que sejam cada vez mais iguais em direitos.

REVOLUÇÃO LAURA

Mochila, sling, canguru, intervalos maiores para você comer, esforço meu e da nossa turma do partido para que você se divertisse nas agendas. Quanta coisa linda viveríamos e aprenderíamos juntas! Recepções memoráveis por mulheres de nosso partido com seus filhos, como a "comitiva mirim" em Minas. Situações engraçadíssimas e um tanto constrangedoras, como o dia em que você perguntaria ao governador de Pernambuco quando ele nos daria comida, afinal, eu tinha te dito que era uma reunião-almoço. Você dançando "Livre estou" no Palácio da Liberdade com os braços abertos, amando as praias quentinhas do Nordeste e a água de coco no Rio, apaixonada por churrasco de bode em Juazeiro e pelo tubarão do projeto Tamar em Aracaju.

FOTO: GUILHERME IMBASSAHY

Ontem, eu estava em uma manifestação e o senador Roberto Requião me perguntou de Laura. Eu disse que ela estava ótima. Que era uma anarquista. Ele me respondeu: "Todas as crianças são anarquistas. A tua tarefa é fazer com que ela não deixe de ser". Chorei. Sim. Minha tarefa é fazer com que Laura seja contestadora e sonhadora. Sempre.

ANARQUISTA

Em um contexto político, o significado da palavra não tem nada a ver com caos, desordem, confusão. O conceito defende uma sociedade onde a organização social não é imposta, é um acordo entre seres humanos que não estão divididos em classes sociais, onde não existe domínio de uma pessoa sobre a outra, criando, assim, uma sociedade mais igualitária e fraterna.

FOTO: CRISTINA ELY

FOTO: BRUNO CARACHESTI

MANUELA D'ÁVILA

Por que ser mãe?

Na bancada de meu partido, o PCdoB, estavam muitas mulheres poderosas e com histórias de vida e diferentes vivências de maternidade. Somos a bancada com mais mulheres, a única com uma média de 50% de participação feminina em um Congresso em que a média é de 9%. Também a única bancada a conferir espaços importantes para as suas mulheres: fui liderada por mulheres quase todo o período em que estive lá.

Eu sempre quis ser mãe. Essa coisa automática do papel da mulher na sociedade. Essa ideia de felicidade feminina vinculada à maternidade. Eu sempre quis ser mãe sem consciência do que isso significava para a mulher. Eu queria ser mãe porque estava impregnada dessa ideia de que toda mulher que é adulta e realizada é mãe. A gente reproduz essa cultura sem nem perceber. Mas conviver com mulheres iguais a mim, mulheres militantes (usamos esse termo pra pessoas que dedicam seu tempo a uma causa ou partido), mulheres deputadas, fez eu colocar o tema da maternidade no seu lugar correto: não há romance. Não há espaço para romantização e idealização. Ser mãe dá trabalho. Ser mãe exaure. Ser mãe é cansativo. Ser mãe é solitário. Ser mãe é perder trabalho. Ser mãe é não ter com quem deixar os meninos. E, mesmo assim, socialmente, ser mãe é uma obrigação para a mulher.

FOTO: LUIZ DAMASC

"Essas feministas são todas mal-amadas." Leio o dia inteiro nas minhas redes sociais. Será que é porque a gente acredita que amor e família são do jeito que cada um quer, porque a gente tem companheiros que trocam fraldas da criança ou porque a gente acredita que lavar louça é coisa de quem sujou louça?

REVOLUÇÃO LAURA

Laura estava exausta durante a agenda
ontem na Faculdade Nacional de Direito, no Rio. Eu também.
Laura ficou com diarreia.
Aguentamos algumas caras de estranhamento à nossa presença.
Como sempre.
Fomos pro hotel.
Laura pediu massa.
Laura dormiu antes da massa chegar. Eu comi a massa.
Laura acordou à uma pedindo massa.
Eu fiz de conta que não entendi. Laura vomitou o leite.
Eu consegui fazer ela dormir
até as oito.
E saí sorridente às 8h20 para ser candidata à presidência.

Minha amiga Carol contou que Chico Buarque se emocionou quando leu esse texto. Zerei a vida. hahaha.

FOTO: CRISTINA ELY

REVOLUÇÃO LAURA

Quando a gente vira mãe ou pai, a dor do mundo deve doer mais

Foi o Duca que me falou. Eu achava impossível ser mais doído do que para mim sempre foi. Mas ele estava certo. Ser mãe da Laura me faz querer ainda mais que toda criança tenha arroz, feijão, casa, amor e escola.

Porque a gente entende o quão indefesa é a criança. Porque a gente sabe o tamanho de sua ingenuidade. Porque a gente sabe que precisam de pouco e que esse pouco é negado para quase todas.

Recebi uma mensagem por Whats de uma mulher, muito rica. Ela me disse, supergentil: "Sei que temos nossas diferenças, mas eu te respeito muito porque, assim como eu, tu lutas pelo melhor pra tua filha". Eu respondi: "Essa é a diferença entre nós duas. Eu sei que minha filha já tem o melhor. Eu luto para que todas as crianças tenham as mesmas coisas que ela".

Como pode alguém que é mãe não colocar seu filho no lugar de cada outro ser humano? O mundo me machuca muito mais depois de Laura.

MANUELA D'ÁVILA

Pai solo

Quando a gente se conheceu, Duca estava em fase de transição com a dedicação solo ao Gui – maluco pensar que milhares de mulheres vivem assim no Brasil e não despertam nenhuma atenção, e nesse minuto você, mulher superfeminista, certamente está se perguntando: "Como assim? Sozinho? Que loucura!". Tudo bem, tudo bem, tranquilo. Eu te entendo. Essa situação fez eu superar muito machismo interiorizado e por isso sou tão grata por tê-la vivido e vivê-la plenamente. Ele ia construindo essa nova paternidade e ao mesmo tempo íamos construindo nossa relação.

Fui assumindo responsabilidades e cuidados com Gui ainda criança. E cada vez mais íamos ficando amigos. E era incrível. Eu morria de medo de brigar com Duca e não ver mais Gui.

Mas ao mesmo tempo era difícil. Existe uma prioridade na vida que damos à pessoa com quem nos relacionamos quando não temos filhos (acho que muitos homens agem assim pra sempre, por isso tanto abandono). Eu não era a prioridade do Duca, a prioridade era o Gui. E assim fomos. Nós nunca fomos namorados sem filhos. E isso ajudaria muito depois com Laura. Nossa vida, rotina, programas eram sempre acompanhados com criança. Filmes escolhidos, restaurantes escolhidos, custos, tudo.

REVOLUÇÃO LAURA

FOTO: RICARDO STUCKERT

*Maternidade em poucas palavras: chuva de cuspe.
Passamos a vida julgando as maternagens de outras mulheres. Quando chega
a nossa vez, percebemos que cuspíamos para cima. Quem nunca?*

MANUELA D'ÁVILA

A bruxa má

Namorando o Duca passei a conviver com o Gui, que havia recém completado nove anos, e confesso que, como sempre falo pra eles, me apaixonei mais ainda pelo filho do que pelo pai. O Gui era – e é – o menino mais doce do mundo. Com o Gui, meu canceriano com lua em peixes, aprendi a amar como mãe. Aprendi também a barra que é ser mãe. Afinal, eu não era, mas tinha toda a rotina de cuidados e afetos, já que ele vive conosco desde sempre.

Eu ouvia: "Ah, que loucura criar o filho de outra mulher".

E era mesmo. Perceber características da mãe nele, acolhê-las, respeitá-las, enfrentar meus eventuais ciúmes e preservar a figura da mãe, tudo ao mesmo tempo, tudo junto e misturado, foi muito desafiador. Felizmente, Duca jamais foi um ex-marido babaca, jamais falou uma palavra ruim sobre a mãe de Guilherme para ele. Ao contrário, fazia esforços para preservar e construir espaços para que os dois estivessem juntos. Eu ouvia também que era maluca de aceitar entrar nesse projeto do Duca, de se dedicar para que Gui e Ingra seguissem tão próximos quanto a vida distante permitisse (ela vivia no Rio quando começamos a namorar). Gui pedia algumas vezes, por exemplo, para irmos todos juntos ao cinema. Eu ia. Foi muito, muito, muito desafiador conviver com um namorado que se recuperava das dores de uma separação, com uma criança que passava a viver longe da mãe, com essa nova constituição de famílias dele e ao mesmo tempo com minha entrada na família.

REVOLUÇÃO LAURA

Acontece que não sei ser pela metade e me apaixonei pelo Gui e por seus olhinhos no primeiro dia em que saímos juntos. Duca foi me pegar em casa pra irmos num show dele, à época com o Pouca Vogal – estávamos saindo não fazia nem dez dias. Gui estava no banco de trás e eu entrei no carro. Eles fizeram piada dizendo que eu estava com muito perfume. Ele riu e baixou os olhinhos quando eu o fitei. Paixão à primeira vista!

MANUELA D'ÁVILA

Mar de rosas não existe

Foi doído, foi trabalhoso, mas compartilhar a criação de um filho de outra mulher se tornou um desafio extraordinário. Tomamos uma decisão e eu e Duca a construímos conjuntamente: não dava pra viver na mesma casa que Gui, todos os dias, e fazer de conta que ele era responsabilidade SÓ do Duca. Não dava para não dizer o que eu julgava ser o melhor. Duca também teve que abrir mão de espaços e construir isso junto comigo. Afinal, como ver o guri com as unhas compridas e não me meter? Como deixar ele comer coisas que não eram as melhores? Como não cobrar o tema? A rotina dentro de casa tem dessas coisas e eu não conseguiria fazer de conta que "essas responsabilidades não eram minhas". Era difícil. De olhares de pessoas que achavam que eu me metia – sem saber absolutamente nada sobre nossa vida – a comentários maldosos quando eu respondia "tenho um enteado" ao me perguntarem sobre filhos, fomos consolidando nossa relação de madrasta e enteado.

E Gui foi crescendo, foi ficando um pouco parecido comigo em algumas coisas, foi aprendendo a ser cada vez mais ele, cada vez mais doce.

Hoje temos, inclusive, segundo Duca, uma doença comum chamada TAGARELICE. Isso mesmo... o menino que não dava "oi" quando conheci é hoje o maior tagarela da família.

Ele e a mãe foram construindo espaços comuns que cada vez menos, com o crescimento e independência do Gui, passam por nós,

REVOLUÇÃO LAURA

mas que sempre são próximos, já que minha sogra, a extraordinária Dalia, acolhe aos dois em sua casa quando ela passa temporadas com ele. Construímos um caminho novo. Olhando para trás, para esses anos todos de caminhada, talvez o que mais me impressione é que as pessoas nunca conseguiram ter um olhar generoso com as duas mulheres envolvidas na história. Ou julgavam a mim ou à mãe dele.

Aprendemos a caminhar enquanto caminhávamos, eu, Duca e Gui, e também Ingra. Ela sempre foi presente na nossa casa porque ela é a mãe do Gui, não é apenas a ex-mulher de Duca. Gui é o meu enteado, meu filho mais velho, o melhor irmão do mundo. Meu professor: de afetos, de superação de machismo e de dores da maternidade.

MANUELA D'ÁVILA

Contos de fada machucam

Lembro de uma cena forte, engraçada, triste e reveladora. Duca estava lançando seu livro *O menino que pintava sonhos* numa livraria e sua ex-mulher estava presente. Isadora, minha sobrinha mais velha, tinha três anos e eu fui apresentar para ela a mãe do Gui, afinal, eles eram como primos, sempre foram. Isadora olhou e não entendeu nada. Primeiro me disse: "Mas tu não és mãe do Gui?". Depois, quando eu respondi que não, que eu era madrasta, ela começou a chorar, que eu, sua dinda, não era madrasta, que madrastas eram ruins, que eu era madrinha, madrinha dele.

Aconteceria também algo parecido com a Laura, que sempre soube que eu não era mãe do Gui, mas demoraria para assimilar que eu era madrasta dele. Ela acha que estamos de piada quando digo isso.

Quando você conta histórias infantis pros seus filhos você pensa nos personagens que estão ali? Em como pode machucar outra criança aquela construção? Eu tento fazer isso o tempo todo: pensamento nos meus privilégios como privilégios e buscando ouvir cada dor que existe por aí.

Provérbio chinês: "Um pouco de perfume sempre fica nas mãos de quem oferece flores."

Minha família existe e todas as famílias existem.

MANUELA D'ÁVILA

Quando criança vi meu pai lutar por coisas lindas dentro e fora da sala de aula. Mas nada foi tão importante para mim quanto o seu exemplo: ele criou meus cinco irmãos (sim, minha mãe tem 5 filhos, imaginem atravessar a rua com cinco!) como seus filhos. Mesmo que biologicamente fosse somente de dois. Ele me ensinou que família é amor. Um amor que minha mãe sempre nos fez cultivar. Nossa família existe porque família é amor. Existe a de meu pai com minhas irmãs, a minha com Gui. Onde há amor e vontade, pode haver uma família.

REVOLUÇÃO LAURA

A criança e o cachorro

Laura ainda caminhava com aquele rebolado com que apenas bebês, pinguins e os bêbados conseguem caminhar. A bunda gorducha de fralda cheia de xixi balançava aos gritos de "ó u au au". Levantei eufórica para que ela acarinhasse um animal cinza e bigodudo. Nem sequer havia cogitado a hipótese de que aquele "au au" poderia ser conduzido por um animal muito menos evoluído que ele. Aos gritos expulsou a Laura. Por "culpa" de quem eu sou.

Como ter esperança numa espécie que conduz a outra pela coleira e grita com crianças manifestando tanta intolerância? Por algumas horas desisti de tudo. Fiz planos mirabolantes de levar meus amores para uma casa afastada desses seres. Passei e repassei dezenas de vezes a cena em minha cabeça. Decidi ficar.

Porque no fundo, nossa espécie não é igual a esse homem. No fundo, acreditamos uns nos outros. Construímos esperança e afeto. A maior prova disso é que ela não entendeu as palavras de ódio do homem. Ela seguiu sorrindo e gritou "au au".

MANUELA D'ÁVILA

Somos todas "malas madres"

Evidente que a descontração dessa mulher idealizada pela sociedade machista é muito longa e cheia de camadas. É como uma casca de cebola: a gente tira uma pele e vem logo outra. Mas a parte mais romantizada de todas parece ser essa vinculada a casamento/gestação. Existe uma espécie de roteiro de felicidade feminina que sempre deve passar por aí. Não ser x ser; ser de um jeito x ser de outro jeito; trabalhar fora x não trabalhar fora; a vida pra cuidar de filho. Primeiro, nos vendem a mentira de que existe um lugar que é o único que nos fará inteiras. Depois, quando e se chegamos nesse lugar, nesse prometido "paraíso", nada do que fazemos é bom o suficiente e tudo o que fazemos é julgado o tempo todo. Amamenta? O bebê vai ficar manhoso. Não amamenta? Vai ficar doente. Coloca na creche? É muito cedo. Não coloca? Não vai socializar. Pega no colo? Vai ser baldoso. Não pega? Sua bruxa! Sai para se divertir? Puta. Não sai do lado da criança? Vai estabelecer uma relação doentia.

Por isso, é tão necessário termos umas às outras, reconhecermos a existência de maternidades, acolhermos as escolhas de outras mulheres, sermos generosas umas com as outras. Não pode haver entre nós a disputa da faixa de "mãe perfeita". Somos todas "malas madres". Sempre seremos. Sejamos juntas.

REVOLUÇÃO LAURA

Ninguém é "só" mãe

Minha mãe nos educou dizendo que era "Ana Lucia MMM": mãe, magistrada e mulher. Achava aquilo uma brincadeira até crescer e compreender que aquilo era a manifestação mais avançada de sua liberdade: não sou SÓ mãe de vocês, percebam, tenho uma profissão que lutei muito pra conquistar e uma vida, minha, de mulher. Minha mãe também dizia que filho não é empecilho pra nada. Para a maioria das mulheres é, sim. Não temos vagas em creche, temos taxas elevadas de desemprego feminino pós-licença-maternidade, por exemplo. Mas, mesmo não concordando com ela, sei que, para a mulher que se desquitou com três filhas antes da Lei do Divórcio, que não sabia o que fazer porque trancou a faculdade para casar, que teve tudo penhorado, que deu aulas de violão, inglês e piano para sustentar as filhas até ser aceita de volta na universidade, que levava as três para a sala de aula pra poder estudar, que conheceu meu pai numa palestra do Prestes e teve ainda mais dois filhos até a formatura sendo estagiária e comprando meias-calças para uma juíza que até virou ministra do supremo e que só então, em 84, passou no concurso de pretora, realmente nada parece ser muito difícil.

Eu busco ser mãe equilibrando meu lado Ana Lucia – minha mãe – com as mães de que eu senti falta ao longo da vida. Aliás, a maternidade faz a gente colocar a mãe em outro espaço na nossa cabeça: espaço de mais acolhida e generosidade. Quis a ironia da vida que eu não fosse Ana Lucia MMM. Mas me tornasse Manuela mãe, mulher e militante. Sou MMMM.

Gosto de Caetano Veloso porque minha mãe me ensinou a gostar. Tudo bem que eu gostava de "Leãozinho" porque achava que ela havia composto para mim, mas minha música preferida é "Mãe", interpretada por Gal Costa. "Mãe" me dói. Pela minha e pela que sou e tento ser.

REVOLUÇÃO LAURA

Guitarras, salas, colos,
ninhos um pouco de calor,
eu sou um homem tão sozinho
mas brilhas no que sou
e o meu caminho e o teu caminho
é um nem vais, nem vou.
(Caetano Veloso)

MANUELA D'ÁVILA

Agora é que são elas

Ao ler o apanhado legal e histórico sobre violência política de gênero, escrito por minha amiga Senadora Vanessa Grazziotin para o especial sobre violência contra a mulher na política, publicado no blog #AgoraÉQueSãoElas, me pus a refletir sobre a provocação que a Mano Miklos me fez: o que eu, apenas eu, enquanto mulher, havia pensado ao aceitar o desafio de ser pré-candidata à presidência da República? Percebi que tudo que eu havia ponderado estava relacionado com o fato de eu ser mulher. Sim, pensei muito nisso. Pensei em todas as formas de violência política de gênero que já sofri, nos últimos 19 anos, e se estava disposta a encarar tudo isso numa potência muito mais elevada.

Claro que uma militante como eu, que desde os 17 anos está organizada num partido, se sente desafiada e honrada de, aos 36 anos, representar nossos sonhos num processo eleitoral emblemático como o que vivemos em 2018. Mas esse pensamento ficou embaçado, nos primeiros dias, pela lembrança, também por vezes amarga, de minhas seis disputas eleitorais anteriores (2004, 2006, 2008, 2010, 2012, 2014).

O tempo todo pensei em minha filha Laura, ainda amamentada. Nós somos muito parceiras uma da outra, consegui incorporá-la na rotina de deputada estadual completamente. Mas quais serão as condições adversas para levá-la comigo aos longínquos roteiros?

REVOLUÇÃO LAURA

Pensei na violência física que ambas já sofremos pelo simples fato de eu ter opiniões. Não ignorava que 2018 seria uma disputa daqueles que organizam o ódio e o medo contra nós que queremos encontrar saídas para a crise brasileira.

Pensei nas montagens virtuais asquerosas que já tinham feito e fariam com meu marido e com meu enteado. Pensei em quão doído era, para nós mulheres, esse envolvimento que os adversários fazem de nossas famílias nas disputas eleitorais. Acaso alguém já viu esse tipo de trucagem com as esposas e filhos dos homens que concorrem?

Pensei também naquela postura de permanente subestimação de minha capacidade política e intelectual, oposta à bajulação que vivem os homens.

Imagine como a sociedade e a imprensa tratariam um homem que, aos 36, sem "parentes importantes e vindo do interior", já estivesse em seu quarto mandato parlamentar e tivesse sido em todas as eleições o mais votado? Imagine se esse homem estivesse terminando o mestrado em políticas públicas, mesmo cuidando de um bebê de dois anos?

Imaginou? Agora imagine que essa é a minha história, mas que a minha valoração sempre foi a partir da aparência. Pensei se estava disposta novamente a ver fóruns e mais fóruns de discussão sobre meu peso. Logo eu, que tenho transtorno de imagem, como milhares de mulheres no mundo.

Uma das primeiras matérias comprovou. O tom de meu cabelo estava em debate. Por que eu estava pintando de castanho? Por que não mais loiro? Estratégia política, disseram. Pra que abordarem meu discurso sobre indústria 4.0 e a necessidade do Estado para as mulheres? Respondi irônica: ficar loira cansa. Estou naturalmente morena grisalha. Aguardo matérias sobre cabelos de Doria, Alckmin e Ciro.

Existem duas questões que tornam toda a violência política de gênero que sofri pequena. A primeira é a tarefa que eu mesma me dei de debater as saídas para a crise brasileira também sob a perspectiva de gênero. Falar para as mulheres brasileiras que atentem, pois a diminuição do Estado numa sociedade machista é uma punição a mais pra nós, mulheres. Falar em todos os espaços que a reforma trabalhista é ainda mais cruel com as mulheres trabalhadoras. Nós somos parte essencial da construção de um Brasil diferente. A segunda é a existência de um movimento feminista revigorado e que não cala. Uma roda de sororidade, de empatia. Um grau de relacionamento muito mais solidário entre a maior parte das mulheres que fazem política. Uma identidade mais nítida que nos une. Sei que conto com milhares de mulheres que, mesmo não concordando com minhas ideias, são minhas parceiras na luta contra a violência política de gênero. "Tamo" juntas!

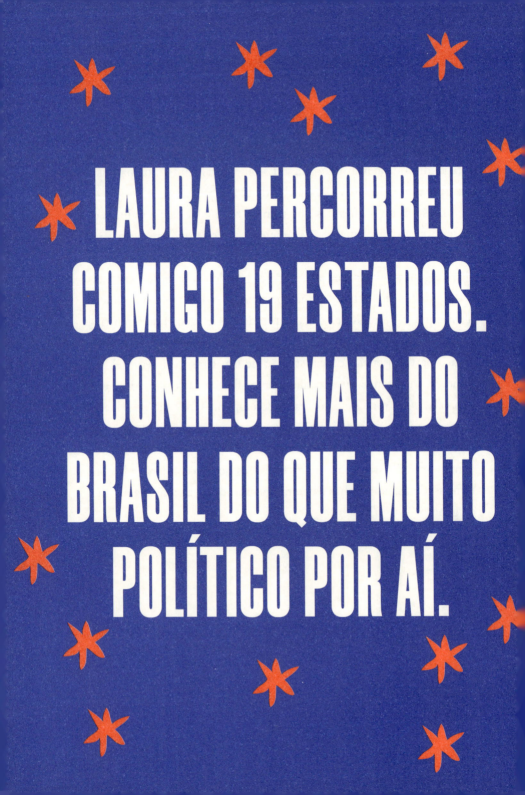

CAROL CAMINHA

REVOLUÇÃO LAURA

Mamá

Tantas vezes amamentei na rua, sentada no meio-fio, perto do caminhão de som. Confesso que durante a gestação não me preocupei muito em estudar ou saber sobre amamentação, me ocupei do parto. Não sabia que ela não estava no meu controle e que um dos maiores desafios da minha vida seria seguir as orientações da Organização Mundial da Saúde: seis meses do bebê alimentado exclusivamente com leite materno, dois anos como complementação. Quando ela tinha quase dois, desmamei à noite. Estava à beira de um colapso de exaustão. Ela mamava de hora em hora durante a madrugada, eu trabalhava intensamente durante o dia. Foi o período em que engordei. Doces o dia todo para dar conta do cansaço. Tivemos períodos longe uma da outra, como quando eu fui para Portugal e ficamos seis dias sem amamentação. Mas era diferente. Ela só falava nisso. Depois, aos poucos, Laura foi pedindo menos, menos. Em março, um calor absurdo. Tínhamos um enorme ato político com Lula e Laura estava cansada, irritadiça, fazia muito calor. Insisti para ela mamar. Não quis. Depois, enquanto eu falava, ela pediu para mamar. Falei com o microfone em uma mão e ela, mamando, na outra. Logo em seguida, Lula falou e brincou: "Posso ser qualquer coisa por você, companheira Manuela. Peço votos, qualquer coisa. Só não posso te substituir para amamentar tua filha". Eu não sabia, mas tinha completado o processo de desmame gentil numa jornada extraordinária que vivemos juntas durante exatamente dois anos, seis meses e 20 dias.

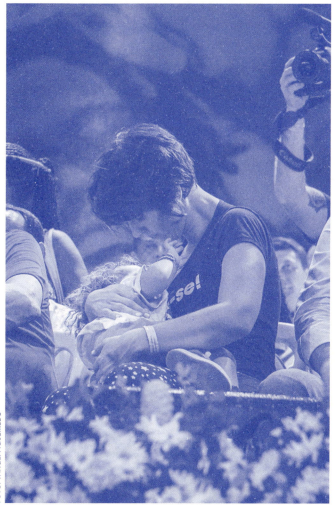

FOTO: VANGLI FIGUEIREDO

VAMOS FALAR SOBRE DESMAME GENTIL?

As propagandas ainda insistem em nos transformar em rainhas soberanas do amor e ignoram toda dureza, angústia, solidão e incerteza da maternidade real.

MANUELA D'ÁVILA

Cocô

Programa do Bob Fernandes, um dos maiores jornalistas do Brasil. Laura ficou do lado de fora com tia Kiss, Cris, minha melhor amiga, publicitária e uma das responsáveis pela comunicação de minha campanha. Ela ficou ali enquanto eu gravava. Pois o programa, embora gravado, era feito numa tomada só, ou seja, como se fosse ao vivo, sem cortes. Depois de algum tempo, Laura convenceu Cris de que entrariam para me olhar de longe. Entre uma brincadeira e outra, correu pro meu colo. Dizia no meu ouvido "totô" várias vezes. Eu fazia de conta que não ouvia – embora estivesse receosa de que os microfones de lapela captassem o seu pedido para fazer cocô. Em alguns instantes, após muito insistir e eu com minha melhor cara de constrangida ignorá-la, Laura se agachou e fez cocô. Assim, ao vivo, no meio do estúdio. Como não a troquei, ficou por ali brincando por mais uns 10 minutos. No outro dia de manhã eu tinha uma reunião com um parlamentar francês – logo francês! – que lidera a França Insubmissa, e a deixei assim, pertinho, brincando. Eu conversava com ele quando a vi chegando como um raio, com a fralda aberta na mão, repleta de cocôs. Ela olha para mim e diz: "cocô", com aquela cara de "não me deu bola ontem, veja só como pode ser pior". Eu não sabia onde me enfiar. Queria morrer de vergonha com aquele deputado me olhando com a expressão de perplexidade. Algum tempo depois encontrei a tradutora de nosso encontro. Ela me olhou e disse: "Ele ficou impressionado com a naturalidade com que tu encaras a maternidade". Aham, naturalidade. A única coisa natural ali eram os cocôs de Laura.

* * *

A frigideira da Laura sempre tem ovo com banana. Isso pra mim significa tantas coisas. Ela reproduz nossos hábitos alimentares. Até na brincadeira come aquilo que comemos. Significa também que crianças reproduzem aquilo que adultos fazem e essa é mais uma razão pela qual meninos também deveriam brincar de casinha. Afinal, é assim que se aprende que todos têm responsabilidade pela "casinha". Temos que pensar naquilo que somos. E como podemos melhorar aquilo que somos. Para que nossas crianças sejam mais felizes do que nós somos.

MANUELA D'ÁVILA

*Foi a
revolução Laura
que tatuou meu
corpo inteiro.*

REVOLUÇÃO LAURA

Ela e eu / Caetano Veloso

Há flores de cores concentradas

Ondas queimam rochas com seu sal

Vibrações do sol no pó da estrada

Muita coisa, quase nada

Cataclisma, carnaval

Há muitos planetas habitados

E o vazio da imensidão do céu

Bem e mal, e boca e mel

E essa voz que Deus me deu

Mas nada é igual a ela e eu

Lágrimas encharcam minha cara

Vivo a força rara dessa dor

Clara como a luz do sol que tudo anima

Como a própria perfeição da rima para amor

Outro homem poderá banhar-se

Na luz que com essa mulher cresceu

Muito momento que nasce

Muito tempo que morreu

Mas nada é igual a ela e eu

MANUELA D'ÁVILA

Pra que eu não esqueça quem sou (como diz a frase de Duca que carrego desenhada nas costas), por que estou aqui, como doeu caminhar por tanto espinho. Agora sou a Manuela acompanhada por mulheres extraordinárias, acolhida pelo afeto, empatia e sororidade que só o feminismo nos dá. A Manuela madrasta do Gui e mãe da Laura, companheira do Duca, que aprendeu que é preciso ser feliz para poder seguir lutando. A Manuela que cresceu livre, lá no interior do Rio Grande do Sul, acompanhada daquela família enorme. A Manuela irmã da Luci, da Caro, da Mari e do Fer. A Manuela que abriu mão de ser deputada federal, de concorrer a prefeita e que se mudou para Porto Alegre para ir à feira e buscar a filha na escola. E que depois disso tudo percorreu o Brasil inteiro como candidata à presidência e vice.

Filha,
atrás dessa grade
tem um mundo
inteiro. E ele pode
ser melhor.

FOTO: CAROL CAMINHA

FOTO: VITOR VOGEL

MANUELA D'ÁVILA

Reivindicar ou existir?

Eu ouvi dizer que levar Laura comigo para atividades públicas significa reivindicar a maternidade. Reivindicar a maternidade no mau sentido, naquele que diz que só existimos sendo mães ou, melhor dizendo, que estaria fazendo apologia à maternidade. Eu nunca o fiz. Sempre deixei claro o conjunto de privilégios que marcam a minha decisão de engravidar e me tornar mãe e minha militância para que deixem de ser privilégios.

O primeiro deles, numa sociedade marcada por papéis tão consagrados de gênero, a consciência de que eu também poderia ser muito feliz não sendo mãe. Tinha a consciência de que nós mulheres não somos inteiras ou realizadas ou melhores ou mais mulheres apenas nos tornando mães. O segundo privilégio, a decisão de engravidar: tive minha filha no momento em que eu e Duca decidimos tê-la. Tinha condições emocionais, financeiras, não fui obrigada a gerar uma criança fruto de uma relação abusiva ou de violência sexual. O terceiro privilégio, numa sociedade como a brasileira, em que 6 milhões de crianças não têm registro paterno, é ter um companheiro, pai da Laura, que divide todas as responsabilidades de sua criação. Sei que isso nada mais é do que obrigação dele. Mas é um privilégio meu. Tenho também condições financeiras e esse é o maior dos privilégios para quem vive no nono país mais desigual do mundo. É isso que me permite matricular Laura numa creche, realidade não alcançada por

REVOLUÇÃO LAURA

70% das crianças da mesma idade que ela. Além disso, quando gestante eu tinha estabilidade profissional, por ser deputada e não poder ser mandada embora do trabalho depois do fim da licença-maternidade, realidade de quase metade das mulheres no país.

Sou uma mulher branca, mãe de uma menina branca. Isso no Brasil é um grande privilégio.

Mas, mesmo consciente de meus privilégios, eu existo. E sou mãe. E por existir também enquanto mãe e viver minha maternagem da forma que eu julgo melhor para mim e minha filha, incomodei.

Incomodei porque existi diante das circunstâncias que estavam colocadas para nós. Jamais imaginei ou defendi um padrão de maternidade, de vivência da maternidade, de maternagem único.

Não é suficiente dizer que não somos obrigadas a ser mães. Temos que falar que também podemos ser mães. Que muitas de nós são mães! E que a maternidade não pode ser prisão. Mas, para que não seja, é necessário que tenhamos espaços em que caibam todas e todos, inclusive nossas crianças.

Repensar a maternidade e enfrentar um padrão imposto – pelo capitalismo – de maternidade significa necessariamente rediscutir os papéis da mulher e do homem, padrões afetivos de nossa sociedade e os espaços públicos.

É ilusório imaginar que a única razão que faz com que uma mulher não vá a uma atividade política, por exemplo, seja o fato de não ter com quem deixar o seu filho. É claro que a vida real é a vida em que as mulheres criam sozinhas seus filhos e não têm com quem deixá-los e, por isso mesmo, também devemos estar abertos à presença das crianças. Mas a vida real é também a vida em que mulheres trabalham dezenas de horas por semana, gastam outras tantas em transporte público e, por vezes, não querem abrir mão de momentos seus com suas crianças para estar em atividades políticas ou públicas. Por isso mesmo, para as pessoas comuns, pessoas que não vivem da política, a reinvenção do espaço público significa também aceitar a presença das crianças nesse espaço.

Temos direito de viver nossos afetos! Não nos torna menos feministas ou menos livres.

Viver a maternidade não significa abrir mão da liberdade. Não pode significar. Assim como ela não é compulsória, assim como não é a única coisa que faz as mulheres felizes, assim como ela pode não ser necessária, ela também faz parte daquilo que podemos ser e precisamos reinventá-la urgentemente. É preciso uma comunidade para criar cada criança. É preciso um mundo em que nosso afeto não seja crime. É preciso um mundo em que mulheres ocupem espaços públicos e onde a ausência das crianças seja tão marcante quanto sua presença. Porque pra cada homem poderoso com filhos ausentes existe uma mulher trancada em casa depois do expediente.

Eu nunca reivindiquei a maternidade, apenas a vivi.

REVOLUÇÃO LAURA

*Continuo pensando exatamente a mesma coisa do dia
em que te peguei no colo pela primeira vez: quando é que vão inventar
um verbo para definir esse sentimento?*

MANUELA D'ÁVILA

A ausência invisível

Me surpreendo que a ausência de Laura nas atividades nunca chame a atenção. É verdade que ela fica bastante comigo. Também é verdade que fica muito com o pai. E que vai pra creche. Mas parece que é tão forte sua existência comigo que todo o resto não tem importância. E tem. Para ela. Para o Duca. Para mim: que existo, que sou feliz, que resisto também sem ela. Também me choca que o debate se dê, muitas vezes, em torno de sua presença e não da invisibilidade dos filhos dos homens públicos.

Estamos autorizadas a e

Existe algo lindo e profunda... minha presença junto de Laura provocou: uma es... autorização para as mães existirem. Sim! As crianças podem estar nos comícios. Sim! As crianças podem estar nos debates. Sim! Não é o choro ou a troca de fraldas que tornam um ambiente insalubre ou inadequado.

Nos ambientes de debate sobre os rumos da sociedade, como são os ambientes políticos, é inadmissível o veto à presença de crianças, de mães e de pais. Evidente que para nós feministas a maternidade não é a única opção, mas fazer de conta que ela não existe para quebrar ou romper o que está preestabelecido socialmente para as mulheres é esconder a dor, a invisibilidade e a opressão que milhares de mulheres sofrem por serem mães.

REVOLUÇÃO LAURA

O feminismo é o contrário da solidão

A presença da Laura na campanha trouxe para o centro do debate, automaticamente, a questão de gênero e a vivência das maternidades. Eu nunca tive um modelo, também não queria parecer um. Não tinha a pretensão de debater maternidade, meu objetivo era debater saídas para as crises econômica e política do Brasil. Mas eu sou uma mãe fazendo isso e, no Brasil, em nossa cultura machista, são as mães que cuidam. "Cuidar" é muito mais do que uma responsabilidade afetiva para as mulheres: cuidar é assumir as responsabilidades da comunidade, do Estado, é superar as insuficiências das políticas públicas. Cuidar é buscar a vaga na creche e a consulta médica. É, depois, levar até a creche e acompanhar na consulta médica. Cuidar é também afeto. Mas está muito longe de ser só isso. Cuidar é trabalhar antes e depois do trabalho.

Nossos corpos são políticos também porque quando somos mães e existimos em um espaço público nos tornamos visíveis numa política que nos invisibiliza. Tomei consciência profunda desta verdade durante esta (nossa) caminhada. E devo isso a cada mulher com ou sem a cria a tiracolo que me parou na rua, no centro, no mercado, no debate, na TV, na plenária, e me agradeceu por estar ali com Laura, ou que ficou feliz em me ver curtindo a sua ausência porque, sim, nós mães podemos estar bem felizes longe das crianças.

São vocês – essas mulheres – as responsáveis por eu conseguir vencer meus limites e, com isso, tanto preconceito pelo que somos. Todas as vezes que me dei por vencida, que pensei que não ia dar certo o que estava "inventando", quando cheguei no quarto do hotel e chorei de saudade dela ou de exaustão por estar com ela e a jornada não ter fim, como mágica, eu encontrava uma de vocês, lia uma mensagem de uma de vocês. Segurava na mão de uma de vocês. Eu caminhei de mãos dadas com milhares de outras mulheres. Foram vocês que me ensinaram na prática o sentido profundo da frase escrita pela minha amiga Marcia Tiburi: "O feminismo é o contrário da solidão". Foram vocês, mulheres, que me estenderam a mão o tempo todo.

Esses dias uma mulher publicamente feminista há mais de 30 anos comentou com uma amiga em comum o quão desnecessário era eu andar com a Laura, porque era evidente que eu tinha dinheiro para contratar uma babá. Não posso dizer que não me importo com esse comentário. Me importo, sobretudo, por vir de outra mulher que luta pela mesma coisa que eu. De vez em quando o machucado acontece em casa, né?

MANUELA D'ÁVILA

Querida, novinha, bonitinha. Vagabunda, puta. Idiota, burra. Musa. Ando sem paciência. Mas as meninas como Laura me motivam. Que elas pisem sobre o machismo. E tenham o mundo todo para desbravar.

* * *

Queria estar ali, todo o tempo, descansada, sem perder nunca a paciência, todo o tempo só olhando e aprendendo com a Laura. Contraditoriamente, mesmo com culpa e sofrimento, ela me dá forças para aceitar desafios, pois me tornou mais forte. Contraditória. Como a maternidade em toda a sua dimensão revolucionária.

* * *

Ontem Laura fez cocô no chão do banheiro do hotel num intervalo de descanso que tive, antes do ato final no Rio. Hoje pela manhã, eu ainda exausta e feliz pelo sucesso de ontem, ela espalhou um vidro de protetor inteiro no corpinho para não se queimar no sol, afinal, me disse, estamos no Rio de Janeiro. Tive uma crise de labirintite de tarde e muitos vômitos. Agora ela deixou escapar o xixi na cama. Briguei com ela a primeira vez nesses dias. Disse que estava doente, que ela tinha que ajudar. Deitamos pra dormir e eu a abracei e pedi desculpas, falando bem baixinho porque achei que ela estava dormindo. Ela respondeu: "Desculpo sim, tu tá com dor de cabeça".

FOTO: FABIANA VIEIRA

MANUELA D'ÁVILA

Com o que sonhamos?

Sonho com a mudança da forma como as mulheres vivem a maternidade? Ou da forma como se relacionam pais, mães e a sociedade com as crianças? Sonho apenas em ser uma espécie de novo homem, ser como eles são, com todos os seus limites de vivências afetivas? Ou lutamos para viver em uma sociedade com uma nova maternidade e paternidade? Quando refletimos sobre a emancipação das mulheres poderíamos apenas dizer – e é sempre uma possibilidade – que conseguimos ficar distantes dos filhos. É óbvio que lutamos para romper com a obrigatoriedade dos cuidados, queremos que os cuidados sejam vistos como responsabilidades sociais e humanas, e não femininas (cozinhar, levar para a escola, levar para o médico). Mas queremos abrir mão do afeto?

Eu não quis. Diante de um conjunto de privilégios que tenho, que passam pela mulher branca e com trabalho que sou, pelo fato de ter um homem com quem compartilho todas as responsabilidades familiares e, por eleger viver a maternidade, escolhi vivê-la dessa maneira. Transformando o espaço público com minha presença acompanhada ou não por Laura. Sendo feliz na sua presença e na sua ausência.

REVOLUÇÃO LAURA

Ela acordou e eu estava conversando com um grande amigo, o ator João Vicente Castro. Não teve dúvidas. Levantou a manga de meu vestido, mostrou a tatuagem da matrioska para ele e falou:

– Sabe quem tá desenhada aqui?!
– Quem? – ele perguntou sorrindo, olhando aquelas duas bonecas russas, uma dentro da outra.
– Eu e minha mãe.
– Que bonito.
– E tá vendo as duas flores do lado?
– Aham.
– Pois é. Meu pai e meu irmão.

MANUELA D'ÁVILA

Enquanto esse barco navegar

Pouca gente sabe que nós casamos de verdade depois de cinco anos que estávamos juntos. Pouca gente sabe que quando eu estava indo te encontrar pra casar, dia 5 de novembro, vestida de noiva e com girassóis na mão, naquele exato momento, de uma forma inusitada, fui lançada à presidência da República pelo meu partido.

Nossa lua de mel virou uma coletiva de imprensa. E tu estavas comigo.

Estavas comigo quando tentaram te tirar a vela, quando cancelaram teu show por ser meu marido. Estavas comigo no dia 5 de abril, teu aniversário, quando eu fui pra São Bernardo no meio da tua festa. Estavas comigo quando meu pai ficou em pânico, com medo do que aconteceria comigo. Estavas ao meu lado quando eu não podia estar com Laura, com Gui. Estavas ao meu lado quando eu viajei o Brasil inteiro lutando em defesa da democracia.

Tu foste como sempre és: delicado, firme e doce. Presente. Sempre estiveste comigo. Loira, morena, alegre, triste, com mais ou menos esperança.

Sempre estiveste comigo. Nunca além do que achávamos necessário. Nossa vida não é pública, não concorremos juntos à vice-presidência, nem eu sou baterista da tua banda, mesmo que tu sejas o meu roqueiro favorito.

Tu foste a presença mais importante, permanente, companheiro compreensivo. Mesmo que ninguém visse. Porque fizeste por nós. Por nossa família.

FOTO: ANA VIANA

Obrigada por atravessar a tempestade comigo.

MANUELA D'ÁVILA

Hoje o dia foi longo. Só dormiste mamando em meu colo. Para que eu pudesse falar, agora tarde da noite, quase 23 horas, foste colocada para dormir num cantinho, me dando a paz que só sabemos existir depois que parimos: a paz de saber que nossos filhos estão próximos e protegidos.

REVOLUÇÃO LAURA

Minhas tantas mulheres

Durante a minha trajetória profissional, algumas mulheres foram tornando-se referências políticas e afetivas para mim. Hoje, passados doze anos de minha chegada em Brasília, vejo que percebiam a menina que eu era e me abraçavam com esse afeto com que, hoje sei, abraçamos as meninas mais novas. Um sentimento ambíguo: uma felicidade pela existência de uma geração promissora, uma solidariedade angustiada por saber que passará por tanto preconceito, machismo e dor.

A bancada de deputados do PCdoB no Congresso Nacional sempre foi aquela com a maior presença de mulheres. Chegávamos a 50%. Essas mulheres foram determinantes para eu me tornar quem me tornei. Elas, suas histórias, suas escolhas diferentes das minhas. Elas, seus afetos e ombros e braços largos para me dar abraços longos e quentinhos.

Jô Moraes: nascida na Paraíba Maria do Socorro, mãe de dois que já eram adultos quando a conheci. Dois que regulam de idade comigo. Jô, mulher corajosa, generosa e absolutamente livre, enfrentou a ditadura militar e, para se esconder da perseguição, da tortura e da morte teve dez identidades. Reza a lenda que um marido para cada. Jô, que defende a transitoriedade do amor e que foi nossa precursora nos estudos do feminismo, me deu verdadeiras lições práticas

MANUELA D'ÁVILA

sobre o tema. Organizou a acolhida de Laura em todos os encontros que participei em Minas. Jô me ensinou que eu jamais poderia abrir mão da minha liberdade emocional e intelectual.

Em 1989 Jô lançou, pela Editora Mazza, *Esta Imponderável Mulher*, livro dedicado à condição transitória do amor. Era tempo da nova Constituição, de redemocratização do Brasil, e Jô percebeu o elevado número de divórcios e de casamentos baseados apenas no amor, não mais em formalidades e papéis. Na obra, questiona frontalmente a existência de duas morais, uma para os homens e outra para as mulheres, e pergunta: "Mas o que é o novo casamento? Existe ainda a perspectiva de uma relação permanente? Ou a transitoriedade nas relações veio para ficar?".

Alice Portugal: farmacêutica e servidora da Universidade Federal da Bahia, a voz mais firme de enfrentamento ao carlismo (política coronelista de Antonio Carlos Magalhães - ACM na Bahia), mãe solo da recém-jovem (ou ex-adolescente) Amine. Sempre achei Alice um exemplo de busca do equilíbrio: entre maternidade e parlamento, entre vida privada e ação coletiva. A amizade e cumplicidade entre as duas é uma lição particular.

Perpetua Almeida: cresceu perto da floresta e quase foi freira, acreana, mãe de dois, casada com o deputado estadual Edvaldo, ela trouxe Mayra e Pablo ainda meninos para viverem em Brasília. A

REVOLUÇÃO LAURA

possibilidade de ter filhos criados distantes da terra natal, da cultura tão marcada do norte brasileiro e as contradições decorrentes disso sempre me impactaram.

Quando PEPA se elegeu deputada federal, Pablo tinha seis, Mayra doze. Quando eu assumi meu mandato eles tinham dez e dezesseis, respectivamente. Que loucura ver os filhos de gente amiga crescerem. Hoje Mayra é advogada e Pablo se formou em Artes Cênicas!

"Ele tinha seis anos. Nos primeiros seis meses não levei, precisava me adaptar. Brasília, o Congresso, era tudo novo para mim. Em julho já os levei comigo. Daí era um fim de semana no Acre e outro com eles em Brasília.

Ia para o banheiro chorar quando Edvaldo me ligava dizendo que ele já estava na varanda sentadinho, dizendo que só ia dormir quando eu chegasse em casa.

Choro novamente, quando lembro disso."

Vanessa Grazziotin: Convivi com a nossa deputada – depois senadora – Vanessa Grazziotin quando sua filha Rafaela já estudava medicina. Quando a Loira, como a chamamos, se elegeu vereadora, em 89, Rafa tinha cinco anos. Depois, quando Rafa tinha quinze, ela se elegeu deputada. Rafa nunca quis morar em Brasília. Respeitar as escolhas dos filhos, sentir a dor de nossas escolhas diante das deles. Construir as individualidades superando as culpas impostas pela sociedade, essa é a grande lição que a Loira me deixou.

MANUELA D'ÁVILA

Jandira Feghali: Lembro de ver Jandira barriguda, aos 40, enquanto Helena, sua filha mais velha, já era uma jovem estudante de psicologia. Jandira era deputada nas duas gestações, em 1993 e 2002. Thomas adolesceu enquanto ela vivia distante, em Brasília. Que drama vê-la acompanhar a vida diária dos filhos, a preocupação com a sua ausência, a busca incessante para se fazer presente. Jandira só sabe ser inteira. E me fez perceber que eu também.

Em 1993, Jandira foi a primeira parlamentar a ter licença-maternidade. Ela não aceitou ser tratada como doente e fazer uso da licença-saúde. Estava grávida, afinal. E exigiu ser entendida e respeitada assim.

Luciana Santos: A filha Luana tinha uns dois anos quando Lu foi eleita. Lu lutou muito e por muito tempo por essa menina, sonhou e realizou o sonho de ter Luana. Ia de Brasília a Recife o tempo todo e, nos dias em que estava em Brasília, deixava a filha com Wal, seu companheiro e pai de Luana. Por Luana ser muito pequena, lembro de muitos episódios de machismo. Ouvi coisas como: "Já viu boi criar bezerro? Isso é coisa para mãe".

Luciana se mantinha firme, sorriso no rosto e a certeza de que crianças são responsabilidade da mãe e do pai. Esses dias a vi tomar posse como vice-governadora do estado de Pernambuco. Ela e Luana lindas, juntas, de mãos dadas.

REVOLUÇÃO LAURA

Antes disso, desde muito jovem, convivi com Jussara Cony, deputada de meu partido em meu estado, o RS. Jussara, mãe de 5, avó de 19, bisavó de 16 (números que são atualizados todos os anos na grande família Cony, que faz da maternidade/paternidade uma expressão permanente de crença na humanidade). Jussara tantas vezes olhada com preconceito porque não quis concorrer a deputada federal, pois na época precisava se dedicar mais intensamente a um dos seus filhos, ainda criança. Jussara, que carregava os filhos pra todos os lados, que buscava conciliar a maternidade com sua militância e seus mandatos. Jussara: a pioneira.

Eu gosto de pensar que a Laura tem muitas mulheres para se inspirar. Minha mãe, minha sogra, minhas irmãs e minhas amigas. Exemplos, referências, possibilidades.

MANUELA D'ÁVILA

Ontem eu expliquei para ela que o passarinho era livre e que eu não ia comprar um para ela (ela perguntou se podia ter um) porque o legal era ver ele indo onde quisesse. Logo depois ela saiu do restaurante gritando: "Tô indo lá mamãe, sou livre!"

EM QUE MULHERES SUA CRIANÇA ESTÁ SE INSPIRANDO?

MANUELA D'ÁVILA

MULHERES QUE VOCÊ ADMIRA

REVOLUÇÃO LAURA

Toda mulher pode tudo, filha

Tem gente que simplesmente não suporta eu seguir o caminho que escolhi pra mim. Não dá pra ter tudo, Manuela. Não dá pra ter tudo. Você não pode ser candidata, ser mãe, ser presente, ser ausente, falar na campanha que vai se ausentar pra levar a filha no *Disney on ice* no dia da greve dos caminhoneiros porque prometeu pra ela. Você não pode ter tudo.

Importante lembrar:

Durante toda a campanha e até hoje, quase todo dia preciso desfazer a imagem que muitas mulheres fazem de mim: como se eu fosse poderosa por dar conta da Laura, do Gui, da campanha presidencial, da minha vida. É preciso dizer: as mulheres que contam com homens que realizam suas obrigações têm muito mais oportunidades de viver a vida fora da maternidade. As mulheres que têm grana para ter creche podem viver muito mais fora da maternidade. E se você, como eu, tem isso, saiba que você é uma privilegiada. Nos ajude a lutar para que não sejamos as únicas! Todas nós somos poderosas. Imagina o poder de uma mana que cria a filha sozinha? Que tem que dar conta de tudo 100% só? Que não tem com quem contar quando a grana aperta ou quando fica presa até mais tarde no trabalho? Que chora de noite porque não consegue emprego ou consegue emprego e não tem grana pra creche?

MARIELLE, PRESENTE!

REVOLUÇÃO LAURA

Era março e íamos ao Fórum Social Mundial. Haviam executado a vereadora Marielle Franco e seu motorista Anderson na noite anterior, provocando dor, indignação, angústia. Mas íamos ao Fórum Social Mundial juntas, eu e Laura, e era preciso vencer o medo e encarar a rua.

Naquela noite eu chorava por ela, por mim, por nós. Chorava porque não acreditava que haviam executado uma voz negra, bissexual, mãe, favelada. Chorava porque ela era uma militante como eu. Podia ser comigo.

Alguns dias depois encontrei sua mãe e sua irmã. Meu estômago revoltou. Podia ser minha filha. Podia ser Laura. Abracei pela primeira vez uma mãe que havia enterrado a filha com a exata dimensão do tamanho de sua dor.

E essa dor é tão grande que não tem nome. Quando morre marido a gente fica viúva, quando morre mãe e pai a gente fica órfã. Quando morre filho não tem nome. Porque não devia existir.

As pessoas me perguntam o tempo todo se eu não tenho medo. Há muitos anos vi um filme chamado Os Amores de Moll Flanders. Não me lembro direito do filme todo mas sei que a mulher queria reencontrar a filha e na hora do encontro quase desistia. Seu melhor amigo apenas dizia: "Na vida existem razões mais fortes do que o medo". Nunca esqueci. Fiz dessa minha frase sobre o medo. Claro que eu sinto. Mas de que adianta? Eu vou parar? Não. Eu posso me cuidar mais, me proteger mais. Mas minhas razões são mais fortes que meu medo.

REVOLUÇÃO LAURA

Viajei para ficar seis dias em Portugal, primeira vez que nos separamos por mais de dois dias. Laura me olhou no vídeo e começou a dizer: "Mamãe, mamãe, hoje eu vou ter o teu mamá". Coração de mãe aguenta só Deus sabe como.

* * *

Que amor eu sinto ao te ver caminhante, dançante, sorridente, feliz, descobrindo um mundo que me fazes ter ainda mais vontade de mudar! Que paz sinto quando penso que minhas escolhas me dão a oportunidade de estar contigo.

FOTO: CAROL CAMINHA

FOTO: DUCA LEINDECKER

MANUELA D'ÁVILA

Eu tenho que fazer tudo

Trabalho muito, me estresso muito. Lido com tensões intensas e permanentes. Sempre foi assim. Laura com dois e nove, quase três. No auge do seu *terrible two*. E a manifestação mais intensa da rebeldia é um amor intenso e exigente de mim. Eu tenho que fazer tudo. Se eu não busco na escola (mesmo levando) ela fica triste. Se eu não brinco, ela fica triste. E ela quer ser 100% o centro de minhas atenções. Não deixa mais nenhuma conversa acontecer. Só com ela. Acho que isso tem relação também com o desmame, novos vínculos e vontades. Enquanto isso, a gente caminha pelo Brasil.

. . .

Como tu mesmo disseste, me fazendo chorar, a mamãe está num trabalho grande. Mas vamos sair dessa ainda mais parceiras.

MANUELA D'ÁVILA

Como eu também sou machista

Laura com 38 graus de febre. Preocupada, cancelei a viagem de trabalho para São Paulo. Olhei para ela e para meu marido. Fui pegar o remédio enquanto Duca buscava água. Falei para ele que não viajaria. Ele me respondeu: "Mas eu estou aqui, por que tu não vais?".

Sem perceber, Duca me fez despertar. Me fez perceber que mesmo uma mulher como eu, conhecedora de muito da teoria sobre equidade, lutadora para fazer todos os direitos das mulheres valerem, mesmo uma mulher como eu ainda pode ser surpreendentemente machista consigo mesma, reproduzindo padrões de comportamento que são históricos, culturais, socialmente impostos. Me fez perceber como e quão forte introjetamos a opressão que sofremos.

Quando o Duca me disse aquilo, lembrei de outra ocasião em que ela amanheceu febril e eu o tranquilizei sobre sua viagem de trabalho. Disse a ele que ficasse tranquilo e partisse para o roteiro de shows. E um fato absolutamente natural: somos dois, dois responsáveis, dois cuidadores, dois que trabalham. Meu machismo ainda faz com que eu me veja como "a" cuidadora de Laura. A mais responsável por ela. A culpada por não me dedicar exclusivamente mesmo trabalhando e estudando. Vejam: não se trata de me permitir lhe faltar,

REVOLUÇÃO LAURA

mas de me considerar alguém igual ao seu pai. Eu realmente acho Duca o melhor pai que conheço. Jamais o achei negligente por viajar a trabalho. Sempre achei normal o fato de dividirmos as responsabilidades e cuidarmos sozinhos dela e do Gui. Sempre fomos uma dupla fantástica em dar conta de tudo, com nossas agendas dinâmicas e ocupadas. Ali, percebi que não conseguia me ver da mesma forma que o vejo. Tomei mais uma vez consciência. Porque a consciência é como utopia: a gente caminha um pouco e sempre tem mais um tanto a caminhar.

Naquela manhã, amamentei minha filha e ela me fez chorar ao me dar um abraço e pedir para ir ao trabalho comigo.

Confirmei a agenda em São Paulo. Saí com o coração apertado, mas com a certeza de que estou fazendo minha parte pra que Laura seja ainda mais livre do que eu.

De todas as coisas boas de ter viajado, a mais linda foi ver como eles podiam se tornar ainda mais próximos. Não é fácil conviver comigo, eu sei. Ocupo todos os espaços mesmo diante de um pai maravilhoso como o Duca. Foi lindo vê-lo coordenando a rotina da Laura sozinho, cheio de segredinhos com ela.

FOTO: DUCA LEINDECKER

REVOLUÇÃO LAURA

Dois anos e quatro meses amamentando. Laura já não mama sempre, é verdade. E esse ano foi a celebração de nossas independências. Incrível como o segundo ano do bebê nos libera. Incrível como fui retomando a minha individualidade e como fomos construindo uma outra relação, ainda mais linda. Nesse ano nos tornamos mais nós mesmas.

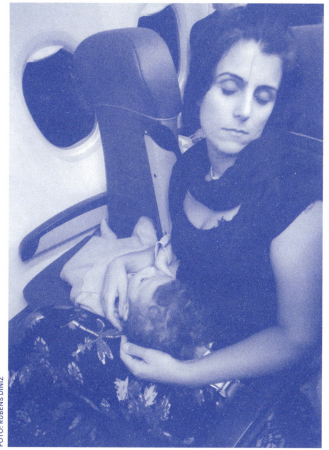

FOTO: RUBENS DINIZ

Minha menina,

Espero estar aqui quando tu cresceres. Espero que a gente descubra o mundo, muitos mundos juntas.

Espero que tu sempre me digas que me amas e me perguntes se estou bem.

Enquanto isso tudo não chega, te abraço e brinco de pular na cama contigo. Pra tentar tatuar em ti o tanto de amor que me fazes sentir.

Não sou uma ótima mãe apenas por estar sempre com Laura. Também o sou por não ter culpas e ter com quem dividir minhas ausências.

FOTO: CAROL CAMINHA

REVOLUÇÃO LAURA

Eu não era feminista

Desde os 17 luto por justiça social. Mesmo assim, eu não era feminista. Eu acreditava que isso era assunto do passado, da geração da minha mãe, que largou a faculdade para casar, que "desquitou" para voltar a estudar, que aguentou dedos na cara, o desemprego e desamparo por criar sozinha as filhas.

Mas a vida – e suas permanentes portas abertas a quem aceita mudar e se transformar – fez com que eu percebesse que a desigualdade econômica e social no Brasil atinge de forma muito mais cruel as mulheres. A vida fez com que eu tomasse consciência de que aquilo que eu e outras mulheres vivemos não era algo que acontecia com uma de nós, mas com quase todas nós. Tomei consciência de que não era só comigo. Não era só com ela.

Uma de nós ser assediada a cada dois segundos, tem nome. Sermos responsabilizadas pela violência que sofremos, tem nome.

Receber menos salário pelo mesmo trabalho, tem nome. Estabelecerem padrões físicos doloridos e inalcançáveis para nós, tem nome.

Sofrer violência física, ser assassinada e ouvir que o amor pode matar, tem nome.

Parir e ficar desempregada, tem nome.

Ser invisível na política, tem nome.

A ideia de que somos inferiores, menos livres, menos donas de nossos corpos e mentes, menos merecedoras de direitos, tem nome.

MANUELA D'ÁVILA

O nome disso é machismo.

E o feminismo não é o contrário do machismo, com sua pretensão de que as mulheres são inferiores. O feminismo é equidade, direitos iguais, direito à vida sem violência, direito a sermos donas de nossos corpos e mentes.

De vez em quando me chamam de feminista radical. Não sou aquilo que conceitualmente é considerado uma feminista radical. Mas confesso: parir e parir uma menina me fez ter muito mais pressa na busca pela materialização de nossas pautas feministas. Porque percebi, com a maternidade, o peso do machismo nas estruturas de nossa sociedade. Porque por Laura tenho ainda muito mais medo da violência sexual, tenho muito mais pavor das caixas que nos enquadram. Quero Laura livre, quero dormir tranquila, quero equidade. Luto por mim, luto por ela, luto por todas nós.

Vamos juntas, juntos, juntxs?

FOTO: GUERREIRO

CRISTINA ELY

REVOLUÇÃO LAURA

Eu a amamentei exclusivamente até o sexto mês, em livre demanda até um ano e nove, e estamos prolongando, conforme preconiza a Organização Mundial da Saúde. São dois anos e meio de amamentação e um desmame natural e gentil. Você quase já não mama. Fica dias sem lembrar. Hoje estávamos na Assembleia na hora do almoço, trabalhando. Você pediu. Ainda não tinha pedido. Eu dei. Acho que foi a última vez que estivemos assim aqui nesse lugar tão cheio de simbolismos pra nós.

Filha,

Quero compartilhar uma vitória inesperada nas mudanças que tu trouxeste para mim. Hoje, filha, fiquei feliz com uma vitória significativa para os trabalhadores do estado do RS. Num projeto justo que garante licença-maternidade para a adoção em qualquer idade, aprovamos quatro avanços, sugeridas por meu mandato, que garantiram:

1) que a licença-maternidade passa a contar apenas quando da alta da UTI, quando for o caso, luta de muitas mães de bebês prematuros;

2) ampliação da licença-paternidade de 15 para 30 dias;

3) diminuição de carga horária para mulheres que amamentam. Isso é extraordinário! Num país em que a média de amamentação não chega a 60 dias, garantir que a introdução alimentar seja feita com calma, entre o sexto e o oitavo mês, é um grande avanço;

4) garantia de licença para pais de natimortos. Sabe, filha, a maternidade mudou minha militância.

REVOLUÇÃO LAURA

Minha opção de vida

Minha opção é lutar pelo que acredito ser o melhor pro mundo. Pelo justo, pelo belo, pelo bom. Mas a opção é minha. Jamais achei que os que convivem comigo deveriam ser submetidos a ela ou compartilharem dela.

Hoje uma mulher me agrediu – verbalmente e com muita violência, porque nem sempre é igual, porque às vezes é muito mais violento – quando estava com Laura tomando café da manhã no hotel, antes de trabalhar.

Lembro tão bem que estávamos tomando café no hotel porque esse é o nosso programa preferido quando estamos trabalhando juntas. Porque é quando estamos sem trabalho, sozinhas. Eu criei um mundo meu e da Laura no meio dessa loucura da campanha. O hotel é parte disso: é a cama onde pode pular, o café com coisinhas deliciosas, às vezes banheira no quarto, o dormir junto na cama de casal. Criei uma vida nossa na campanha. Uma rotina de vida sem rotina alguma.

Eu não entendo nunca agressão. Mas menos ainda quando uma criança está junto com sua mãe. E era uma mulher, era mulher. Uma mulher. Que não conseguiu calar seu ódio diante de uma mãe que abria o braço para proteger a filha. Por isso eu luto tanto pelo belo além de lutar pelo justo. Porque é preciso entender o que falta na vida de quem tem tudo. E falta amor. O belo.

Eu assustada atrás da mesa do café da manhã após sermos agredidas. Laura: "Mamãe, o pão de queijo desse hotel é o melhor do Brasil". Por isso sempre digo que ela me salva. Me salva de entrar na roda de ódio que tenta nos fazer girar.

MESMO QUANDO CONSIGO NÃO TER CULPA, TENHO FALTA. FALTA DE VER TUDO O QUE ACONTECE O TEMPO TODO.

MANUELA D'ÁVILA

Laura vai para a escolinha desde um ano e meio.

"Ah, ela não vai se desenvolver."

"Ah, ela vai ficar doente."

Laura está sendo desmamada gentil e naturalmente aos dois anos e seis meses.

"Teu bebê faz o peito de bico."

Laura mamou exclusivamente até os seis meses.

"Coitadinha."

"Passando sede."

Laura não comeu doce até os dois.

"Tadinha."

"Doce pra criança?"

Laura foi cuidada exclusivamente por mim e pelo pai dela até ir pra creche.

"Por quê? Você tem dinheiro pra babá."

FOTO: CRISTINA ELY

Hoje batemos uma foto com o governador, que saiu nos jornais. Quando olhei depois percebi: eu com as alças da mochila da Frozen.

REVOLUÇÃO LAURA

Certa vez, numa das ocasiões em que ela não estava sendo bem acolhida, eu disse: se for mais simples aceitar uma mulher na condição de primeira-dama do que na de uma criança de dois anos e meio, digam a todos que Laura é minha primeira-dama. Ela é minha filha e precisa ser amada.

MANUELA D'ÁVILA

Por quê?

Em Vitória, fui questionada por um jornalista por que eu levo Laura comigo. Eu a levo porque sou a mãe dela. Fosse o pai, levaria também. Você não?

A principal reflexão que fiz, quando decidi ser candidata, foi se conseguiria viver minha maternidade na forma que decidi viver. Decidi que sim, criaria condições pra isso.

Nunca vi jornalista/comentarista perguntar quem está cuidando dos filhos dos políticos que trabalham sete dias por semana fazendo campanha. Eu e meu marido dividimos responsabilidades totalmente. Laura vai pra escola. Mas nós olhamos o conjunto de minha agenda e da de Duca e vemos as eventuais idas dela. Sem contar que ela ainda é amamentada (uau! A maluca segue a recomendação da OMS e ainda não desmamou). Por exemplo, ela não ia pra Salvador. Encaixei Vitória. Retardaria em um dia minha volta. Decidimos que ela iria.

Eu adoro quando ela vai ;) a gente ri e ela está conhecendo um Brasil que é incrível. E também adoro quando ela não vai. Posso jantar com calma, não preciso ir correndo pro quarto de hotel. Também é evidente que fico menos cansada. Quinta, por exemplo, ela decidiu comer tatu de nariz no palco, ao lado do Lula, que perguntou: "E ela come?!?". Pois é. Também fez cocô num programa de TV. Acho que todos concordam que ninguém ama passar por isso. Sorte é que depois que passa a gente ri.

FOTO: CRISTINA ELY

MANUELA D'ÁVILA

Tu és como aqueles raiozinhos de sol que entram pela persiana e que te encantaram quando chegaste aqui em casa: tu nos iluminas com o amor lindo que sentes por teu irmão, com teus sorrisos. Obrigada, meu pintinho. Teu um ano foi também meu, nosso.

FOTO: CRISTINA ELY

REVOLUÇÃO LAURA

A gente quer dividir com vocês

Essa semana vou viajar todos os dias. Ela não vai nenhum. Vou fazer bate e volta pra dormir em casa. Laura só viaja comigo no meio de abril, pra roteiros que vão durar mais dias. Mas sabe o que é engraçado? Quando ela não está, as pessoas não dão atenção à ausência como dão à presença dela. Porque estão acostumadas com a ausência das crianças no espaço público. Porque enquanto um homem brilha construindo a sua carreira, tem uma mãe abrindo mão da sua dentro de casa, cuidando sozinha de tudo. Como disse um desses homens num evento em que eu estava esses dias, "na minha casa quem manda é uma mulher". A gente não quer mandar em casa, baby. A gente quer dividir com vocês, pra sobrar tempo igual pra gente brilhar nas mesas de discussão por aí. Porque pra gente brilhar, alguém tem que pegar as crias na escola, baby.

Então, gente machista desse Brasil varonil: não me perguntem por que levo Laura. Perguntem quem cria os filhos dos candidatos de vocês, beleza?

Quando a gente mudar a nossa cultura vai achar estranho o pai que nunca está com seus filhos. Alguém está. Esse alguém é a mãe. Isso tem relação com mulheres não ocuparem espaço público. É fácil, fácil pra um homem. Quando desfila com o filho, vira mito.

FOTO: THALLITA OSHIRO

Um dia tu vais entender que estiveste em lugares que mudaram a história do Brasil e a vida de milhares de brasileiros.

MANUELA D'ÁVILA

Existem muitas formas de abraçar uma mãe

Aos poucos, as pessoas – sobretudo as mulheres – passaram a me dar pequenos presentes para Laura quando sabiam que ela estava viajando comigo. Um dia, em Recife, uma menina viajou 180 quilômetros para me entregar um conjunto de massinhas de modelar para que Laura tivesse com que brincar. Lembro bem dessa noite porque eu ouvi um sermão por estar usando o celular no palco, e eu estava justamente tentando conseguir uma professora particular de matemática para o Guilherme. Noutro dia, uma menina extraordinária, jovem vereadora de Natal (RN) e agora deputada federal eleita pelo PT, Natalia Bonavides, me recebeu com um kit de lápis de cor, papéis, tesoura e cola para que Laura brincasse pela viagem pelo Nordeste. Nesse dia, ela me abraçou chorando e me fez chorar. Natalia, muito jovem, me agradeceu por lhe fazer acreditar que ela poderia ser política e mãe, porque todos lhe diziam que eram caminhos inconciliáveis. Fatima Bezerra, minha colega quando deputada, senadora e na ocasião candidata a governadora (vitoriosa), na mesma manhã, em atividade na FIRN (Federação de Indústrias do Rio Grande do Norte) me agradeceu por todo o bem que eu estava fazendo às mulheres. Fiquei surpresa. Fatima fazia, em minha opinião, muito mais que eu!

REVOLUÇÃO LAURA

Muitos anos antes conheci Tabata Amaral, hoje deputada federal eleita pelo PDT-SP, em Boston, durante um evento em que participei como palestrante na Universidade de Harvard, acho que em 2013. Ela havia sido selecionada para estudar astrofísica em Harvard, com bolsa de estudos. Era uma mente brilhante. Conversamos muito e ela perguntou se eu tinha família. Disse que sim. Marido, enteado e achava que seria mãe em breve. Ela me abraçou e contou sobre a dificuldade de acreditar e convencer suas pessoas queridas de que ela – saída de uma comunidade muito pobre para a melhor universidade do mundo – também conseguiria ter uma família, mesmo se dedicando tanto aos estudos.

Por que somos marcadas pela certeza (sobretudo dos outros) de que é impossível ter felicidade profissional e pessoal, de que a mulher sempre precisa abrir mão de algo precioso para realizar sonhos? Quem nos contou essa mentira? Por que a gente acreditou?

Toda vez que tu te perguntares se mulher pode fazer alguma coisa, filha, te pergunta se tu estarias pensando isso se tivesse nascido homem. Se a resposta for não, mulher também pode.

FOTO: KARLA BOUGHOFF

MANUELA D'ÁVILA

Não somos inimigas, nossos filhos são irmãos

Salvador. Laura e eu almoçando na casa dos avós de Guilherme. Laura sempre compreendeu que ela e seu mano eram irmãos filhos de mães diferentes. Enquanto eu estava gestante imaginava que um dia teria que explicar para Laura que Duca tinha sido casado antes e que Gui não era meu filho. Como vivemos juntos e ela me vê bastante envolvida nas coisas dele, pensava eu, vai ser confuso para ela. Não foi preciso. Ela sempre entendeu tudo. Um dia ela começou a falar "Ingra" e eu lhe perguntei o que era. Ela disse: "A mame do mani". A Laura acha comum a relação saudável, carinhosa entre a mãe do irmão e a sua mãe. Ela ainda não sabe que são duas mulheres que como muitas outras foram construídas socialmente para serem inimigas: a atual e a ex, a mãe e a madrasta. Pior: madrasta que vive com o filho e a mãe que vive longe. Criar uma convivência pacífica e harmoniosa não nos foi ensinado. Aprendemos mesmo assim. Lado a lado. Com generosidade, consciência e amor. Talvez por isso a Laura se sinta em casa com Dona Alba e seu Chico Liberato, família baiana do mano. O avô de Gui é um grande artista plástico, a casa é cheia de cores, mangueiras estão por todo canto e pequenos macacos brincam no quintal. Ela sabe onde está. E acha absolutamente normal. Mostrando, talvez, que quando os adul-

REVOLUÇÃO LAURA

tos não reproduzem preconceitos, quando os adultos tratam como atuais coisas e situações que são naturais, as crianças fazem a mesma coisa. O ódio entre mulheres é ensinado. É cultivado fortemente nos contos de fada e reproduzido em nossa cultura todos os dias. Não somos rivais umas das outras. Não podemos ser.

MANUELA D'ÁVILA

"Ninguém nasce odiando outra pessoa pela cor de sua pele ou por sua ori-gem, ou sua religião. Para odiar, as pessoas precisam aprender. E se podem aprender a odiar, podem ser ensinadas a amar, pois o amor chega mais naturalmente ao coração humano do que o seu oposto. A bondade humana é uma chama que pode ser oculta, jamais extinta."
Nelson Mandela

REVOLUÇÃO LAURA

"Livre estou, livre estou, não posso mais segurar"

Eu choro toda vez que vejo Frozen. Choro porque Elsa tem que fugir de toda a vida, de todos os seus amores, abre mão de sua liberdade por causa de seu poder. Choro porque ela canta que está livre e não precisa mais segurar (o seu poder) quando está sozinha, no meio da neve. Choro porque exercer seu poder destrói tudo. Destrói a sua cidade, traz infelicidade. Choro porque Elsa ensina que ter poder é errado para uma menina. E muito antes dela eu, Natalia e Tabata acreditamos nisso. E, aos poucos, estamos nos libertando da Elsa que nos habita.

. . .

Frozen é o desenho preferido de Laura e de (quase) todas as crianças em alguma fase da infância. O desenho em que a menina Elsa é trancada no quarto porque ela tem um poder e não consegue controlá-lo. Aliás, falei na Frozen e lembrei que por meses eu e Laura esperamos chegar um evento chamado Disney on ice, uma espécie de espetáculo em que patinadores interpretam personagens e, por uma casualidade da vida, quando a data chegou, tentaram marcar uma entrevista comigo. Claro que tentei me adaptar: conseguiria ir no outro dia ao evento? Não? E na entrevista? Não? Na dúvida, nunca crio uma expectativa por meses em minha filha e não realizo. Fui ver a Elsa.

MANUELA D'ÁVILA

FOTO: CRISTINA ELY

Filha, sua malandra, sua faladeira, sua linda. Obrigada por tua companhia alegre e afetuosa ao meu lado.

REVOLUÇÃO LAURA

Os incríveis

Um tempo depois cheguei em Porto Alegre de uma longa viagem sem Laura. Pediram para que eu passasse em uma atividade com Pérez Esquivel, prêmio Nobel da Paz. Claro, sem problemas. Meu limite era o cinema que havia acertado com ela. E aí que atrasou e tive que olhar para ele nos olhos e dizer: o senhor compreende que eu não engano a minha filha? Preciso ir embora para ver *Os Incríveis 2* (ou 3, me perco em números de filme). Nos abraçamos. E fui.

. . .

Ver a cultura política se modificando e Laura sendo transformada e Laura sendo acolhida me transformou. Na era do ódio e das mentiras, o meu amor por Laura e o abraço de vocês a nós duas foi a resistência. Porque amar é resistir.

. . .

Eu te olho e te amo, filha. Quando nasceste eu queria construir um outro verbo para definir o buraco aberto em meu peito. O que eu sentia por ti era um furacão, um salto de paraquedas, um tsunami. Depois compreendi que essa revolução faz com que a gente ame muito profundamente o mundo e a humanidade.

MANUELA D'ÁVILA

Extraordinário

A agenda foi o de sempre: debate sobre crise, encontro com movimentos sociais, entrevistas. O extraordinário? Mulheres ocupando a política. Estava conversado com Gregoria, candidata ao senado na Paraíba e presidente do PCdoB do estado, olhei pro lado e vi nossos filhos brincando. Que normal! E que tão longe da política a imagem. Porque a política está longe da vida. Da vida real.

É PRECISO UMA ALDEIA INTEIRA PARA CRIAR UMA CRIANÇA, E SE ELA ESTIVER PENDURADA É MUITO MAIS FÁCIL

REVOLUÇÃO LAURA

Sim. É preciso muito mais do que mãe e pai. Muito mais do que creche. Para ser bom, precisa de espaço, precisa de abraço, precisa de acolhida. Felizmente, no meu partido, quase todo mundo faz parte da comunidade que me ajuda a seguir fazendo política e sendo mãe da Laura. E Laura, de quebra, adora uma reunião porque sabe que ali tem sempre muitos tios e tias. Esse é o ensinamento ancestral.

Das escolhas que fiz, talvez a mais legal tenha sido fazer uso do presente que Paulinha, minha antiga secretária de Brasília, me deu: um sling de pano com matrioskas desenhadas (engraçado que depois desenhei a matrioska em meu braço como símbolo meu e de Laura).

Eu nunca tinha prestado atenção nisso e achei que faria pouca diferença, já que o importante mesmo seria o carrinho. Moral da história: o carrinho lá em casa virou cama e Laura anda, desde os sete dias, pendurada de muitas formas (primeiro o sling, depois o canguru). Tenho certeza de que isso facilitou tudo, já que tornou muitíssimo mais simples viajar com ela (menos volume e mãos livres). Talvez tenha sido o presente que mais mudou minha maternagem. Por isso, sempre presenteio as mulheres grávidas com um sling de pano. O meu foi a minha liberdade.

MANUELA D'ÁVILA

Doeu hoje quando ela perguntou
por que eu tinha aberto a mala pra arrumar.
Doeu quando ela perguntou
por que eu não ia junto.
Doeu quando ela perguntou por
que eu não ia buscar hoje.
De vez em quando, dói ser mãe.
Laura me faz sofrer de saudade
e culpa.

. . .

Chorei porque a Laura chorou de calor ontem, eu não tinha o que fazer,
porque eu tinha que trabalhar e tinha que trazê-la, pois não quero ficar
longe. Chorei porque eu gritei com ela.
Chorei por tudo.
Aí a Laura me olhou, me abraçou e disse: eu te amo.

REVOLUÇÃO LAURA

Cerimônia do adeus

Pouco antes da Laura nascer, lembro que saí do banho e passei pelo espelho do banheiro. Olhei para o meu reflexo e pensei: nunca mais eu serei essa pessoa. Posso ser melhor, posso ser pior, mas todos os dias vão ser diferentes, pra sempre eu vou ser também a mãe da Laura. Nesse dia eu chorei muito. Chorei como nunca e me despedi daquela que fui até então. Quando Laura fez três anos tomei meu banho, passei pelo mesmo espelho e pensei na mulher que refleti ali.

FOTO: FABRICIO CARVALHO

QUE EXTRAORDINÁRIA REVOLUÇÃO LAURA ME FEZ VIVER.

Que a gente siga transformando uma à outra, descobrindo juntas a força do amor que move tudo aqui.

REVOLUÇÃO LAURA

Acabou

– Filha, me dá um abraço? Você disse que eu podia pedir sempre que eu precisasse e eu preciso agora.
– Por que tu precisa?
– Porque eu tô triste.
– E por que tu tá triste?
– Porque o trabalho que a mamãe estava fazendo acabou.
– Ah, era muito divertido.
Obrigada, Laura. Você torna tudo amor. Foi lindo.

FOTO: RAIZA RODRIGUES

Para Laura
ler quando
crescer

Minha filha,

Quando engravidei – e vivi dias profundamente felizes – percebi que a sociedade reproduz a ideia de que nós mulheres somente somos plenas se formos mães. Veja bem, ficar grávida de ti foi transformador. Mas foi uma escolha minha e do teu pai. Não pode ser uma imposição ter um filho. Podemos ser felizes de muitas formas. Ser mãe é uma delas.

Depois, ao te parir e me ver mãe, descobri um machismo muito mais intenso do que eu conhecia antes. Às mães, o espaço privado. O público? Aos homens. Contigo nos braços – e no peito – aprendi que meu corpo até para te alimentar é visto como objeto nessa sociedade machista.

Mas o mais transformador é pensar que és mulher como eu. Esse mundo que espanca, estupra, viola, assedia, cala, oprime, também será teu. Que dor sinto. Luto tanto, lutamos tanto, somos tantas resistindo há tantos anos! Lutamos pela transformação dessa realidade e ainda receberás esse mundo, triste mundo para as mulheres. Lutaremos juntas pela transformação, minha filha querida. Porque juntas mudaremos esse mundo. E seremos vitoriosas!

As pessoas me dizem que você terá orgulho de mim e do que faço. Não sei se orgulho é algo que queremos sentir de pai e mãe. Não cheguei a uma conclusão. Eu sinto falta de você quando estamos longe. De nós duas. Juntinhas tomando banho com mel ou com sal ou com choro. De nós duas rindo e depois cantando "bate o sino pequenino". Você não precisa sentir orgulho, filha. Espero só que você não sinta falta. Sinta amor. O mesmo que eu sinto por você. Que você sinta que eu estou sempre por perto. Que eu vou e volto todo dia, que eu viajo e já retorno. Que eu levo você para cada programa esquisito e que nós duas morremos de rir, exaustas, quando voltamos do trabalho e pulamos sozinhas nas camas de hotel por aí. Que você ria lembrando que fez cocô ao vivo e que depois exibiu a fralda para um deputado francês. Não precisa sentir orgulho. A mamãe só quer que você sinta amor.

Nosso propósito é transformar a vida das pessoas por meio de histórias. Em 2015, nós criamos o programa compre 1 doe 1. Cada vez que você compra um livro na loja virtual da Belas Letras, você está ajudando a mudar o Brasil, doando um outro livro por meio da sua compra. Queremos que até 2020 esses livros cheguem a todos os 5.570 municípios brasileiros.

Conheça o projeto e se junte a essa causa:
www.belasletras.com.br

Este livro foi composto em Caslon Pro e impresso em papel pólen soft 80 g pela gráfica Copiart em março de 2021.